日本アニメの革新

歴史の転換点となった変化の構造分析

氷川竜介

角川新書

まえがき

日本のアニメは面白い、世界中で評判だ。よく聞く言説です。

ところがこれが行きすぎて「世界中で評判だから面白い」となると、どうでしょうか。この論調は、実際にマスコミで多用されています。その影響力は大きい。ビジネスマン、あるいは公的機関や政府まで「海外で評価の高いアニメだから」を理由に動いたりする。何も本質が分かっていないのに？　大きな疑問を感じます。

「逆は必ずしも真ならず」は論理学の基本です。そして「世界中で評判だから面白い」は危険でもあります。「なぜ面白いのか」「その特長はどのようなプロセスで獲得されたのか」など、本質が空洞化しているからです。この類《たぐい》の素朴な疑問を軽んじ、本当に日本のアニメが誇るべき特質を見過ごしていると、そのうち海外から詳細に分析されて、魅力とビジネスの中核が他国に移転する可能性さえあります。

業界内部の方に「あなたはアニメの何が魅力だと考えて売り物にしていますか？」と聞いても、おそらく「市場があるから」「お客さんが喜ぶから」と「アニメの内部」でないところに理由を求めるはずです。商品の魅力、その本質を何も説明できないのだとしたら、これもまた空洞化です。

アニメのキャラクター、物語、テーマだけを小説・漫画と横並びに論じた文章も、「アニメだけに生じる特別なこと」を無視する点で同じく空洞化しています。海外で評判なうちはいいですが、世界情勢も不安定な昨今、海外市場に何かあったら国内だけで回していた時代には戻れなくなる。本質を忘れて空洞を回していては、リスタートすらできない全滅コースに突き進むのです。

本書はこうした危機意識のもと、「アニメの歴史」を類書にない観点で整理することで、空洞を言語化する試みです。厳密性を追求する研究論文ではなく、軽めの「読みもの」として、これまで目を向けられてこなかったアニメの魅力の本質を可視化することを目指します。面白さや魅力の正体をつかもうとする人が増えることを願いつつ……。

ことに重視するのは、以下のような点です。

・従来バラバラに論じられてきた歴史的指標を「転換点」と再定義する
・「転換点」の「以前以後」で何が起きたのか、その「革新」を具体化する

・「転換点」を単独のものではなく「結節点」としてとらえ、「連鎖」を発見する

この目的を達成するために、「転換点」を無為に増やすことは自制し、むしろ絞りこむよう努力しました。そして本質的な意味が薄らいだまま拡散しているキーワード「世界観」に着目し、それが日本製アニメにどのような作用をもたらしたかを、一冊の本としての「軸」にしました。

すでにアニメに詳しい読者であれば、「あれもあった、これもあった」と作品を挙げたくなると思いますが、若い読者が混乱しないよう独断でカットしています。その点、本文を読み進める前にご承知おきください。

本書では、取りあげた「転換点」とそのヒットが、「新しいルール」に基づくムーブメントを生むことに注目しています。歴史的変化をつかむには、「ルールを書き換えた者が最強」という着眼点が必要です。思考もシステムも、決まってしまったルールに囚《とら》われた中で高みをめざし続けていると、忍び寄ってくる破壊的な変化に気づけない。「イノベーションのジレンマ」として知られていることです。「海外評価」や「そこに市場があるから」といった、外的要因ばかり取り上げられる傾向を筆者が危険視する理由は、ここにあります。

新しいスタイルに挑戦してルールを変えることには反発が伴います。ですが本文で述べるとおり、アニメ史上では、その反発を乗りこえる「枠の否定」と「上下の逆転（下剋上《げこくじょう》）」が同時に起こって歴史を転換させています。そして革新のエネルギーは「送り手と受け手の急接近」が生んでいる。送受の共犯関係にある「未踏への挑戦」がカギとなっています。

「日本のアニメはどこから来て、どこへ行くのか」

本書はこの本質的な問いを追求するものでもあります。それによって「われわれ日本人がつくってきたアニメには、こんな特色があります。だから世界のみなさんに愛されるのです」と、みんなで胸を張って言えるようになりたいのです。

「新書」の役割とは、専門家が「独自の視点」を伝えることで、なんらかの問題や疑問の「解決の切り口」をあたえるものだと思っています。本書を通じて何かのヒントを得られることを、筆者は心より願っています。

目次

図表作成／小林美和子

※本書の人名は、現在の一般的な表記を優先しました。ただし、「宮﨑駿」「出﨑統」は「宮崎駿」「出崎統」に統一しました。なお、本文中の敬称は省略しています。

第1章　日本アニメ史の〝構造〟

〝転換点〟が生んだ〝流れ〟

本書は日本アニメ史の重要と考えられる〝転換点〟をプロットすることで、〝流れ〟をとらえる試みです。１９５８年公開の映画『白蛇伝《はくじゃでん》』以後、商業制作が定常化した60年余りに起きた重要な〝変化の構造〟を探ります。ことに１９７０年代中盤、「アニメーション」が略語「アニメ」となって子ども向けを脱することができた理由、さらに「漫画」の従属物ではなく「アニメなりの独自性」を獲得し、日本語（略語）のまま「ＡＮＩＭＥ」として世界へ出たプロセスを検証します。

アニメ史全体を過不足なく記述することは、大変な難問です。仮に網羅的な決定版が書かれたとしても、「あれもあった、これもあった」では情報が多すぎてノイズになってしまうのではないか。むしろ「情報を絞りこむ努力」で単純化を試み、因果関係を優先して〝流れ〟を整理してみます。

そのように考えるようになった動機を、まずお伝えします。

自分はここしばらく歴史の〝転換点〟に重点をおく仕事を中心にしてきました。「以前以後」を分かつものを見つけ、そこで起きた〝変化の本質〟を探り、関連するリンクを見つける。幹に相当するものを意識して、回路図またはネットワーク像に近い〝歴史のラフスケッチ〟を示すことこそが急務だと考えるようになったのです。

２０１４年から明治大学大学院で教鞭《きょうべん》をとっていることも大きな影響をおよぼしています。留学生を含む若い大学院生に「研究の観点」で教え接するうちに、〝コンパクトな見取り図〟が共有できていない事実に気づきました。さらに70年代当時を知る「アニメファンの加齢」も進んでいます。「テレビアニメ第一世代」とも呼ばれてきたそんな自分の世代も、還暦を過ぎました。世代間ギャップを超え、特に21世紀以後に生まれた方々に対し、見通しのよい〝流れ〟を示すことが、60年分を見てきた当事者の責務だと考えたわけです。

インターネットと検索エンジンが発達したことで、全体像の把握は遠ざかったのではないか。情報が簡便に入手できる一方、「キーワードを入れると情報が出る検索」では断片的すぎて、余計な情報が見えない分、「つながり」が可視化されにくい。そんな問題意識も動機のひとつです。ズラリと本の背表紙が棚に並び、縦横の関連を見せていた書店も衰退した現在、情報と情報が結ばれた「全体像」に関心が薄れてはいないか。対象の前後にある因果関係が見えにくくなり、そこから〝流れ〟を摑《つか》むこと自体が疎まれてはないか。

幸いにも考えるきっかけが、いくつかありました。２０１７年には業界のイベント「アニメＮＥＸＴ　１００」に参加しました。また東京国際映画祭でアニメ特集上映が本格化した２０１４年の「庵野秀明《あんのひであき》の世界」以後６年間、プログラミング・アドバイザーを担当した経験も大きいです。「ガンダムとその世界」、「細田守《ほそだまもる》監督」、「原恵一《はらけいいち》監督」、「湯浅政明《ゆあさまさあき》監督」

など初期5回は「レトロスペクティブ（回顧上映）形式」をとりました。作家性に寄り添いつつ、日本のアニメーション映画の到達点を海外の取材者へ提供することに留意したのです。

２０１９年度からこの企画は「ジャパニーズ・アニメーション」部門に昇格し、作品数を増やしてティーチインなども行い、もっと掘り下げるものにパワーアップします。これが「どこまで歴史的情報を絞れるか」を考えぬく絶好の機会となったのです。幸い「ＶＦＸ特集」としてテレビ特撮『ウルトラＱ』（66）もセットにできました。「アニメと特撮を絡めた〝テレビまんが〟として理解することで、日本の独自性（オリジナリティ）がより明確になる」と、さらに見通しよくできたと自負しています。

この年はシンポジウム「アニメ映画史、最重要変化点を語る」（共演／原口正宏《はらぐちまさひろ》、稲垣早希《いながきさき》）も開催され、そのトークの映像記録はＹｏｕＴｕｂｅでも公開されました。まず各章に入る前にそのときの「見取り図」（20～21ページ）を使って、本書の基礎となった考え方を説明します。

昭和までの歴史を3作に絞る試み

歴史年表は〝転換点（変化点）〟のリストと換言できます。ですが羅列すればするほど、流れが見えづらくなる。では、どこまで絞り込めるのか？　そこで映画祭では「昭和末期までに日本の独自性が出来た」と仮定してみました。さらにそれを明確化するため、「わずか3本の映画上映による総括」を試みたのです（映画祭なのでテレビアニメは入りません）。その3本とは『白蛇伝』（58）、『劇場版 エースをねらえ！』（79）、『ＡＫＩＲＡ』（88）です。基準は「派生を多く生んだ〝転換点〟の代表」です。

商業アニメ史研究では、「東映動画・虫プロ」と個性の異なる2大潮流が歴史を作ったとされています。まず、１９５８年に東映動画（現・東映アニメーション。本書では時代に即して「東映動画」と表記）の『白蛇伝』で「長篇漫画映画」が定期的に公開されるようになった。続いて１９６３年に虫プロダクション（略称・虫プロ）の『鉄腕アトム』がテレビ放映開始、広告効果によってビジネスの活性化をまねき、アニメ作品を世界でも例をみない数へ激増させていく。この2つが「原点」です。

以後、テレビアニメには後発の制作会社がいくつも加わりますが、映画祭ゆえテレビ作品を加えて語ることは避けました。

東映動画は長篇制作にあたって大量にクリエイターを集め、ディズニーのような「自然主義」の「フルアニメーション」（後述）を採用しました。当時の日本映画界は観客動員数の頂点に向かう黄金期です。映画にはリバイバル公開もあり、パッケージとして世界への輸出もできます。それゆえ品質重視の丁寧な作り方が尊重されました。

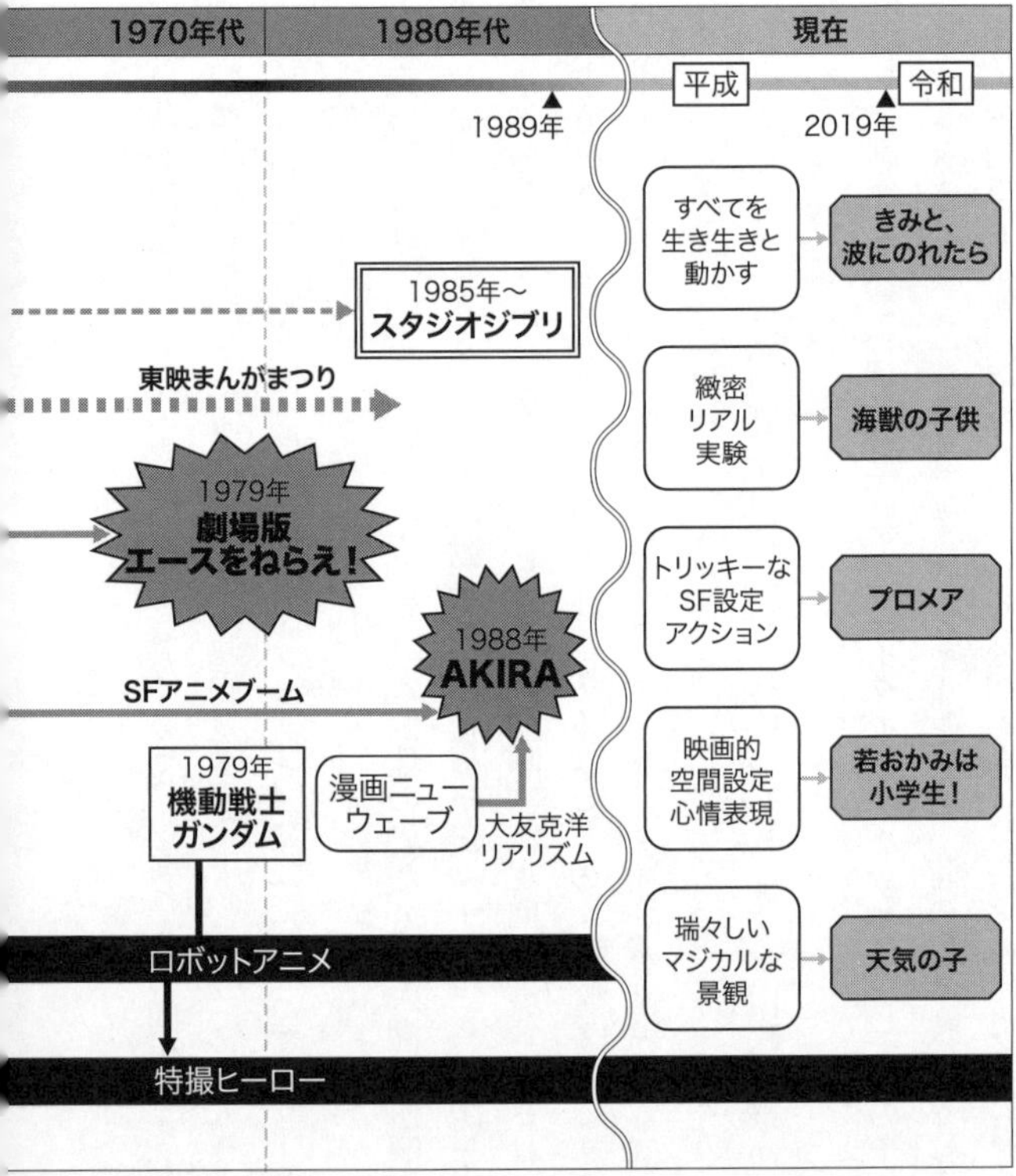
1970年代
1980年代
現在
平成
令和
1989年
2019年
1985年〜
スタジオジブリ
東映まんがまつり
1979年
劇場版
エースをねらえ！
1988年
AKIRA
SFアニメブーム
1979年
機動戦士
ガンダム
漫画ニュー
ウェーブ
大友克洋
リアリズム
ロボットアニメ
特撮ヒーロー
すべてを
生き生きと
動かす
きみと、
波にのれたら
緻密
リアル
実験
海獣の子供
トリッキーな
SF設定
アクション
プロメア
映画的
空間設定
心情表現
若おかみは
小学生！
瑞々しい
マジカルな
景観
天気の子

画史、最重要変化点を語る」〈2019〉をもとに作成）

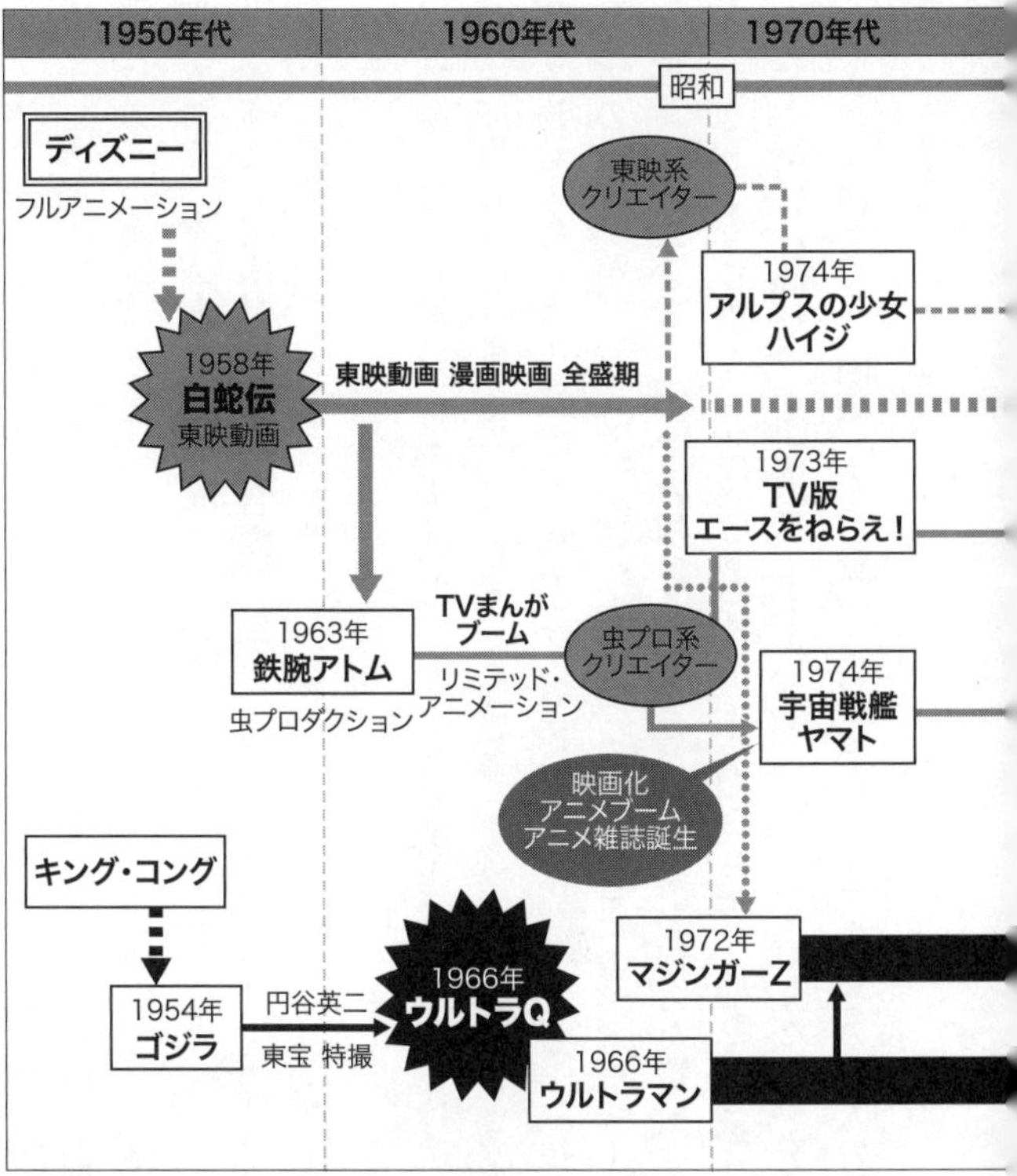

日本アニメーション・VFX　原点と発展（シンポジウム「アニメ映

一方の虫プロは、漫画家・手塚治虫《てづかおさむ》が中心となって若い才能を集めた新興勢力です。「リミテッド・アニメーション」を応用した省力化技法を研鑽《けんさん》し、トメ絵やカメラワーク、撮影技法を駆使した「表現主義」の方向性です。キャラクターを使った二次商品が莫大《ばくだい》な収益を生み、激増期にあった漫画誌が原作の供給源となるなど、複数の要因でビジネスチャンスが生まれ、他社も続々と参入して、テレビアニメ量産時代を招来します。

この2社を源流として人材の移動・合流・分散が起き、文化面・技術面で化学変化が多々起きた。さらに「流儀」の点で対立や影響も生じる。この振れ幅が、多様な作品につながったのです。

『鉄腕アトム』や、虫プロ派の『宇宙戦艦ヤマト』『機動戦士ガンダム』はテレビシリーズ中心です。その劇場版もありますが、映画を「予備知識なく鑑賞可能で、1本の中に始まりと終わりがある物語世界」と定義すると代表とするには難しい。となると「虫プロの流れ」で「映画としての要素」が濃い作品が必要です。そこで注目したのが、ティーンエイジャーに拡大したアニメブーム、『アトム』の種まきが大きな収穫期を迎えた特別な変化点「1979年」です。2019年はその40周年でした。その記念も折り込もうと考えた結果、(異論は承知のうえで)出﨑統《でざきおさむ》監督の『劇場版 エースをねらえ!』を選んだのです。「テレビアニメの文法」で「〝映画〟を自覚的につくった」ことがその最大の理由です。出崎統監督は同作公開時のパンフレットに「脱ディズニーを意識した」と読める文章を投稿している。そして同作で完成を迎える「出崎演出」は、徹頭徹尾「出崎統監督の主観で限られた青春の時間」を見つめ、テレビ的技法により濃縮した点で、日本製アニメの特徴となる「世界観主義」を代表する作品でもあります。その技法の数々は、後のアニメにデファクトスタンダード（業界標準）となって、影響力も大きい（キッズ向けバトルものなど）。複合的に考えて「2つ目の最重要変化点」に位置づけました。

「重要変化点」を発見するコツ

「3つ目の変化点」は、どのように見つけるべきか？　先述のとおり、歴史を「以前以後」でクッキリ分けるもの、そのリストが年表です。ならば、年表からその点を仮に抜いてみる思考実験をしてみます。ラインでつながっている後続の事象（作品群）がゴッソリ無くなってしまう作品――それが「重要変化点」のはずです。

「歴史」とは「因果の連鎖」です。原因Aが結果Bを生む。そのBが新たな原因となって結果Cを生み、A・B・Cの3点のラインができる。この「過去・現在・未来」のセットが因果の構造です。ラインはツリー状となって、未来方向へ拡散する。過去方向を探ると、これ以上さかのぼれない「ツリーの根」が見つかる。それを「不動の変化点」とロックすると、幹の〝かたち〟が次第に読み解けるようになります。

映画祭用の年表では、まず「対立軸」を構成する「東映動画・虫プロ」と2点を先に決めました。それが『白蛇伝』と『劇場版　エースをねらえ！』です。そしてこの対立関係が生み出すツリーとは別のツリーを生む3点目を探しました。「3点」あれば「〝かたち〟の最小単位」が見えるからです。

そこで浮上したのが「海外展開」と「1990年代以後の変化の起点」です。前者は海外のクリエイター、研究者から評価される対象となったこと。後者はデジタル技術の急成長です。年単位でデジタル系のインフラが変化し、ネットワークが急整備された1990年代。「サイバー的題材」「リアル系」「映像の緻密《ちみつ》さ」などから、最初は押井守《おしいまもる》監督の『GHOST IN THE SHELL/攻殻機動隊』（95）に注目しました。

しかし映画祭では、むしろ『AKIRA』こそ〝変化点〟にふさわしいと考え直しました。大友克洋《おおともかつひろ》監督は、漫画の世界で起きたニューウェーブをアニメに導入したクリエイターです。しかも劇中の設定年は「東京オリンピックを控えた西暦2019年」で、映画祭開催年と合致するタイミングだった。決定的なのが「昭和末期の超大作」です。

検証として、大友克洋による原作漫画を含めた『AKIRA』を年表から引き抜いてみました。すると士郎正宗《しろうまさむね》の原作『攻殻機動隊』が消滅する。「サイバー時代の原点」は『AK

ＩＲＡ』なのです。同作には黎明《れいめい》期のＣＧも使われているので、デジタル技術面の変化を語ることも可能でしょう。

こうした発想で考察を深めた結果、昭和末期までに「日本アニメを特徴づける最重要パーツは、映画ならこの３作で決まりだ」と考えるようになりました。「平成の30年間」は「昭和の基礎」に築かれた〝応用期〟と考え、思いきってスルーしました。

こうして掴んだミニマムな構造をもとに、テレビの流れ、平成初期の動き、21世紀の革新などの情報を加えていきます。それでは、これから「アニメ史の〝かたち〟」を見ていきましょう。

50年代末から70年代前半までの歩み

まずは続く章の前提として、１９７４年にテレビアニメ『宇宙戦艦ヤマト』が登場するまでの概況を整理します。「ティーンエイジャー以上が鑑賞するアニメ文化」の基盤が形成され、アニメのターゲットが「子ども向け」から拡大する以前の時代です。

60年代の商業アニメーション勃興《ぼっこう》期、クリエイターは社員として雇用され、拠点に結集していました。ひとつの〝場〟で意識を共有し、制作に没頭する「スタジオシステム」です。映画産業の黄金期と同じで、具体的には企画、文芸、作画、演出、美術、仕上げ、撮影、編集などほぼ全工程を擁する「インハウス体制（内製）」です。音響、現像所などポストプロダクションの一部は外部ですが、画《え》づくり（プロダクション）は内製なのです。

1960年代の東映動画・虫プロには、「対立軸」が多く存在していました。「フルアニメーション vs リミテッド・アニメ」、「年1作の長編 vs 毎週30分短編シリーズ」、「商品 vs 作品」、「職人 vs 作家」、「伝統 vs 最先端」、「戦前からのベテラン vs 戦中戦後生まれの新世代」などなど、いくつも対照可能です。アニメクリエイターたちは同じ「現場」で作業を繰り返すうちに、部門の壁を越えて独自の方法論を確立します。その発想・思想・ノウハウが個々人に定着して、「社風」や「表現の流派」を形成しました。それは1970年代以後、インハウス体制が崩れた後にも大きな影響を及ぼします。

1960年代中盤以後は、アニメ制作会社の増加にともない、まず中核だった東映動画から人材が流出し始めます。さらにテレビの影響で映画界は斜陽化し、1970年代以後は東映（本社含む全体）の労働争議、虫プロの倒産（73年）によって、クリエイターは中小の外注企業とフリーランス（個人）に拡散します。この結果、「元請け・外注」の構造をもつ業態が形成されます。「全日本アニメ会社」に近い、多くの会社や個人で支えあう仕組みができてから今まで、約半世紀が過ぎたのです。アニメ産業は作品人気に依存するため、景況感が乱高下して制作本数の増減も激しくなる性質がありますから、1社で数百人単位の社員を抱え、固定費をまかなうにはリスクが大きすぎる。その結果です。

こうして柔軟性と流動性をもつ業態に転換していった結果、大会社に囲い込まれていたノウハウや社風が拡がり、クリエイターの離合集散による化学変化が起きました。このことが「日本製アニメ（ANIME）」のハイブリッド的特性をもたらしたと自分は見ています（特撮文化との融合も大事な要因ですが、本書では略します）。

「歴史の把握」――それは、こうした波のうねりのように生じる構造のダイナミズムを可視化する試みです。アニメ表現のスタイル、ビジネスの多様性は、人の営みゆえの衝突、相克、混沌《こんとん》が生み出したエネルギーによって獲得されました。それが日本のアニメ作品に特別なバイタリティを宿らせることになった。しかしその分析は、これまで「人と人の問題」つまり作家の「属人性」偏重で、テーマや物語を主体とする古典的な分析が主流だったがゆえに、軽視されてきたように思います。

本書は過去の批評と一線を画すことも企図しています。

海外の基準と日本の差

日本製アニメの特徴を理解する前提として、商業アニメーションの世界で日本に先行していた「海外の基準」も確認しておきましょう。まずアメリカ合衆国の「ディズニー」は、世界標準として認識され、ブランド化しています。３ＤＣＧ作品が主流となった現在でも、世界中の作品が「ディズニースタイル」を採用しているのがその証拠です。

ディズニーの姿勢は「児童向け絵本に似た物語世界を長篇映画化する」を基本としています。原点は１９３７年、世界初のカラー長篇アニメーション映画『白雪姫』にあります。そこで画期的だったのは「児童向けに良く出来ていれば大人も楽しめる」という構想でした。それ以前の初期アニメーション映画は短篇で、実写（本編）が始まる前のウォーミングアップ的な役割でした。非現実的な世界で誇張された非実在キャラクター（話す動物＝トーキング・アニマルなど）が、追跡劇など動き中心の活躍をするものです。これは「カートゥーン」とも呼ばれ、「バカバカしいもの」と低く見られがちです（現在でも）。

ところが『白雪姫』が長篇化にあたって目標としたのは「劇映画として大人も感情移入可能なストーリーを提示する」という高みでした。そこでは「生と死」が描かれ「始まりと終わり」があり、リアリティが重視されている。実人生を投影できる点が画期的でした。そのために観客が没入し、共感に値する「世界」が必要となる。「漫画的な非現実性」は抑制され、固定観念を破壊したのです。この「世界観主義」は形を変え、後々日本のアニメにも影響をおよぼします。こうして世界の童話や古典を原作（原案）に「長篇漫画映画」が続々と作られていくようになりました。

「ディズニースタイル」の特徴を列記しておきましょう。「動き主体の表現」「自然主義的なアニメーション作画（フルアニメーション）」「物語はシンプルな骨子でハッピーエンド」「動物が話して歌って踊るミュージカル仕立て」「明るく楽しい笑いを盛りこむ」「現実味よりファンタジックなイメージを重視」などがあります。

日本の原点『白蛇伝』も、これに類する姿勢で作られています。漫画映画の「夢の世界」は実在人物（特定の人種）や実景が写っていない分、抽象度が高まります。大川博《おおかわひろし》（当時の東映社長）は『白蛇伝』の予告篇で「漫画映画が国際性を帯びること」を強調しているくらいです。「アニメーション作品の国際性」は、自覚的に獲得されたものでした。

しかし国力豊かでエンターテインメントの本場たるアメリカでさえ、長篇アニメーション映画の量産は至難の業《わざ》でした。「1枚ずつ絵を描いて色を塗ってコマ撮りする技法」が必然的に「人的リソースの集約と消費」を伴うからです。専門性の高い「絵に描かれた芸術」を1秒24コマ単位でスクリーンに投影する。労働集約による家内制手工業の成果が、次々と消えていく。「夢の芸術」は「消費率の高さ」なる弱点を備えているのです。

ゆえに敗戦後の貧しい日本では、アメリカに匹敵する商業アニメーションの量産など不可能なはずでした。ところが朝鮮戦争の特需に続いて神武景気も起こり、戦後日本が国際社会に復帰する機運も出てくる。であれば戦後ベビーブームで増えた「子ども」こそ、日本の未来にとって大事であり、経済を回す原動力にもなるだろう。こうした時代背景で、東映動画が設立されたのです。「東洋のディズニーを目ざそう」というスローガンのもと、日本初の「総天然色漫画映画」を作りあげるため、東京都練馬《ねりま》区・大泉《おおいずみ》にスタジオが新設されました。「内製による芸術工房」としてスタートした現場は、まだ珍しかった鉄筋コンクリート製の社屋に冷暖房完備と、芸術のエリート集団に用意されたゴージャスなスタジオです。その偉容も『白蛇伝』予告篇で誇示されています。

この動きに弾みをつけたのは、1950年から続々と公開された欧米アニメーション長篇映画です。特にディズニー作品はカラー映画自体が珍しい時期に、「総天然色漫画映画」として本来数年おきに制作されていた作品群が毎年公開され、歓迎されました。長らく輸入禁止となっていた断絶はかえって価値を高めたし、アメリカナイズされ始めた日本の多くの観客が抱いていた、戦後民主主義の価値観にもフィットする「夢の芸術」だったのです。

これが結果として、まだ若かった手塚治虫たち漫画家にも大きな影響をあたえることになります。戦後の漫画文化もアニメーション映画の大きな影響下にあるのです。

ディズニーの手法「フルアニメーション」は「1秒に24枚の画を使う（1コマずつ違う画）」と書かれた本も多いのですが、これは間違いです。ディズニーも2コマ、3コマと同じ画を使うことが多々あるからです。楽譜の「八分音符」「四分音符」のようなタイミングの変化を使い、メリハリやテンポを出しているのです。ですから「画面の中で起きることすべてを（誇張を交え）〝自然に〟作画して動かす」というのが正確な定義です。

東映動画では２コマ単位を基本としつつ、「滑らかに流れるように動かす」という点でフルアニメーション表現を採用しています。しかも本格的な商業アニメーション制作を年１本というハイペースですから、量産性ではディズニーを凌駕《りょうが》しています。

この東映動画の『白蛇伝』のように、「もうそれ以前に戻れないもの」を〝重要変化点〟としています。それは〝未来の重要変化点〟にも影響をおよぼすものなのです。

『鉄腕アトム』ヒットの背景

次の〝重要変化点〟は、漫画家・手塚治虫の虫プロダクションによる30分テレビシリーズ『鉄腕アトム』です。１９６３年――「テレビまんが時代」の始まりです。それ以前にもアメリカから輸入された作品、短編の国産テレビアニメーションが放送されていました。ただし前者はギャグものが多く、後者はコマーシャルフィルムの延長にあるものです。

ですが『アトム』は、レギュラーキャラクターがストーリーを紡ぎだす形態で30分シリーズとしての「テレビまんがジャンル」を切り拓《ひら》き、国産アニメ量産時代のきっかけを作った。そこが違います。１９６２年以前のテレビアニメは同等の役割を果たしていません。

東映動画、虫プロと歴史的変化が続けて起きた背景には、終戦直後の第1次ベビーブーム（1947～49年）があります。3年連続で年間出生数が250万人以上となり、その後も200万人に近い規模が続く。5～6年積算すれば、「子ども市場」は千万単位で急拡大する計算です。1955年から1973年の19年間は大きな経済成長があり、「高度成長期」と呼ばれて大量消費時代に向かっていきます。それは「戦後の人口ボーナス」に支えられていたものなのです。

1959年には「皇太子・明仁《あきひと》親王（現・上皇）ご成婚」という歴史的イベントもありました。その結果、テレビ受像器は爆発的に普及し、社会の動きも「月間単位」から「週間単位」へ推移していきます。同じころ黄金期のピークを過ぎた日本の映画産業は、新興ライバルのテレビ産業を圧迫するため、俳優やスタッフの提供などの協力を拒否しますが、それゆえテレビメディアには「前例のない開拓地」という性質が生じました。テレビ局第一世代も、漫画家・手塚治虫の虫プロダクションに集まった20代の若者たちも、そうした「革新のマインド」を持つクリエイターたちで、彼らに〝開かれた活躍の場〟ができたわけです。

実は東映動画も売れっ子漫画家としての手塚治虫を尊重し、1960年公開『西遊記《さいゆうき》』（長篇第3作）の制作に際し、嘱託として招いて「映画の世界」の一員に迎えようと試みていました。アニメーション好きの手塚治虫は大量の漫画締め切りを抱えていたのに、キャラクター原案やアイデアスケッチ、絵コンテなどクリエイションを全面的に担当し、「原案構成、演出、原画」としてクレジットされています。

しかし最終的な主導権は東映側にあり、改変されることも多く起きました。また、静止画前提である手塚の「漫画のキャラクター」は、立体的な映像空間で活躍する「アニメーションの絵」と異質であること（振り向くと線が繋《つな》がらないなど）が露呈していきます。東映動画の集めた人材は美術大学出身のエリートが多く、デッサンは基本中の基本だし、「自然に動かす」ことに欠かせない要素です。手塚治虫がよく口にしていたデッサンコンプレックスは、この経験が原因の可能性が大です。

その結果、手塚治虫は『西遊記』の公開時に否定的な意見を出しています。しかもフルアニメーションを追求するよりもっと物語的な「構成」を重視したいと、『アトム』につながる発言もしています。手塚本人が作家として演出コンテとシナリオに全力を集中すれば、十数名で独特の作品をつくり、内容面でディズニーを超えることができる。この訣別《けつべつ》宣言を具体化するスタジオとして設立されたのが、手塚治虫の「虫プロダクション」というわけです。「東映動画」と「虫プロ」のスタイルが対立的であるのは、必然だったのです。発展とは、対立によるコンフリクトが生み出すものでもあるのです。

『鉄腕アトム』は「リミテッド・アニメーション」の拡大解釈

『アトム』がテレビに登場した翌年の1964年は、日本が戦中戦後のダークな雰囲気から脱却し、国際社会へ完全復帰したことを示すイベント「東京オリンピック」が開催されました。首都高速道路、東海道新幹線など交通インフラも整備され、都市部はコンクリートで固められて風景が激変していきます。『アトム』のテレビアニメ化には、科学時代へ急速に適応しようとする社会情勢と、インスタントラーメンがもてはやされるようなスピード時代とマッチする新しい技法が採用されました。それが「リミテッド・アニメーション」の応用です。本来の定義は以下のようになります。

（前略）フル・アニメの考えかたや、つくりかたから脱け出して、作者が動きを必要とするモノや部分だけを、必要とするときにだけ動かすつくりかたです。制作操作の点からいえばフル・アニメの手数を省略したもののように見えますが、目的は『手抜き』ではなくて、あくまで作者の創作意図によるものです。

（「アニメーションのすすめ」伊藤紫英／『小型映画 High Technic Series 5 アニメと特撮』玄光社、1970年）

少し補足しましょう。１９４１年にジョン・ハブリー（主にＵＰＡ＝ユナイテッド・プロダクションズ・オブ・アメリカで活動）は、かつて在籍していたディズニー社のクラシックで写実的なアニメ表現を批判し、「絵の表現」を追求する新たな様式を提示しました。強調したいものだけに動きを限定し（リミテッドの語源は作画枚数ではなく、ここから）、頭と身体が一体化したような平面的キャラクターを採用し、足だけを別に作画してチョコマカ動かしたりする。背景もモダンにデザイン化された「スタイル重視」です。これが本来の（手塚式とは異なる）「リミテッド・アニメーション」で、映像の力強い性質から、テレビコマーシャルのように「短時間で購買力を喚起する目的」に向く技法と注目されました。

日本でも消費拡大目的でテレビＣＭに多用されます。特に寿屋《ことぶきや》（現・サントリー）の柳原《やなぎはら》良平《りょうへい》による「アンクルトリス」の「リミテッド・アニメーション」は、高い評価を得ました。高畑勲《たかはたいさお》監督がその傾向に対する批判を何度か書いていますが、逆に無視できないほど評判だったのです。また、『アトム』以前に輸入されていた諸外国のテレビアニメも、リミテッド手法を多用していました。『鉄腕アトム』のスタートと同年、ＴＣＪ（後に一部が独立してエイケンに改組）が『鉄人28号』『エイトマン』を即時オンエアにこぎつけられたのも、ＣＭ用アニメで稼働していた人材を即戦力として投入したからです。東映動画も同年『狼少年ケン』でテレビまんがが参入に動きますが、生え抜きのベテランではなく、元手塚治虫のアシスタントだった月岡貞夫《つきおかさだお》（『西遊記』を契機に東映動画に移籍）が中心となり、リミテッド的手法で短期間に立ち上げたものでした。

半世紀以上が過ぎた現在、もはや「フルかリミテッドか」は問題にされなくなっています。それどころか、用語も「フルは1秒24枚」などと曲解されたままです。しかし「テレビ時代に即応した表現」が「自然主義か表現主義か」の対立を生み、新旧のコンフリクトがさまざまな進化をうながした〝構造〟は、今でも無視できません。また、ここで注目すべきことは、「手塚治虫が東映動画の内部に入った体験が、対立軸の原点になっている」ということです。新しい文化の誕生は、異文化同士の「接触」から始まる。この後も何度か起きていく〝転換点〟を考える上で見逃せないことです。

『鉄腕アトム』のもたらした革新とは？

手塚治虫の設立した「虫プロダクション」は、挑戦意欲にあふれた若者を集めました。設立当初は東映動画や、漫画家・横山隆一《よこやまりゅういち》の動画制作会社「おとぎプロ」からの移籍者が主力メンバーでした。その若手の中から、芸術的なアニメーション作品を作るための費用獲得手段として、テレビ向けに商業作品を作るというアイデアが出たのです。

こうしてテレビアニメ『鉄腕アトム』の第1回「アトム誕生の巻」は１９６３年の元日に

放送されました。手塚治虫がほぼ全カットの原画を自身で描き、作画枚数も充分多く使っていて濃厚な内容です。そして基本設定を的確に伝え、テンポよく凝縮してまとめた手法が最大のみどころです。手塚の「物語構成重視論」は実作で証明されたのでした。

これが「毎週同じ時間枠に、同じ主人公がストーリー中心の番組を見せる」というフォーマットの始まりなのです。「そんなの当たり前だ」と思うかもしれませんが、先行する海外テレビアニメの多くは5分から10分の短編で、30分枠でも3本立て形式でした。非現実なカートゥーンキャラは死ぬこともなく、ドタバタギャグを繰り返していました。

ところが『アトム』は「子ども（トビオ少年）の死」という、衝撃の悲劇から幕を開けます。主人公はロボットのアトムとして再生したものの、生みの親（創造者）天馬《てんま》博士から理不尽な仕打ちを受け続ける。神話にも通じる〝悲劇〟です。理不尽な苦境にくじけず、他者を救うアトムの自己犠牲的なストーリーが、30分枠にギュッと圧縮されているのです。この革新的な物語性が子どもたちを惹《ひ》きつけ、以後４年にもおよぶ長期シリーズを成立させるエネルギー源となりました。

後に平成期、日本製のアニメが海外で学術的に評価され始めたときには、「シリアス、ダーク、奥行きのある世界観、深い性格描写」などの点で、児童向けディズニー作品とは違うと評価されました。それが量産される原点は『アトム』にあることも分かるのではないでしようか。『アトム』はビジネス面でもマーチャンダイジング展開で成功し、新時代を開拓しました。番組それ自体に広告効果があり、全国ネットされた結果、メインスポンサーの明治製菓を中心に関連企業へ莫大な収益をもたらしました。

日本製アニメ隆盛の基盤は、このようにして築かれたものです。

日本式リミテッドは〝再発明〟

手塚治虫自身は「『アトム』は本格的なアニメーション（フルアニメーション）ではなく略式のアニメ」と語っていました。そのため「リミテッド」を採用しただけでなく、毎週の制作を安定的に回すため、さらなるコストダウンを徹底した。「手塚式リミテッド」と呼びたくなる様式を〝再発明〟したのです。低価格受注は後続が入ってこられなくする意図もあったようですが、このリミテッドが逆に他社の参入障壁を低くしてしまいました。

ここでは「日本流の再発明」に注目したいです。日本の文化、工業、技術には、海外からすれば非常識な高性能を獲得した「再発明プロダクツ」が目立ちます。「日本刀」「ゼロ戦」「トランジスタラジオ」「ハイブリッドカー」などが好例です。本質を問い直し、技術研鑽に加え、飛躍した発想を加えた「ものづくり」。それがここで言う「再発明」です。

手塚は『鉄腕アトム』放送開始の約1ヶ月前、毎週の「テレビ動画」（「テレビアニメ」という言葉はまだ一般的ではない）放送を危ぶむ新聞取材に応じています。約50名のスタッフで毎週の放送をどう回すのか、手法的には「ＢＡＮＫシステム」（後述）の採用、経済的には「版権料」と「輸出」が挙げられ、全方位的に勝算ありと自信満々です。

特に「無国籍表現」をめざし、現代日本の生活様式や性格表現などが前面に出ないよう指示したという点は、『白蛇伝』と同じです。後に『ウルトラマン』や『科学忍者隊ガッチャマン』など、ヒーローものにも受け継がれていく方針です。

放送開始直後の１９６３年３月には手塚自ら渡米し、３大ネットワークのひとつＮＢＣを相手に「買い取り」ではなく「配給歩合制」の契約を結ぶ快挙も達成しています。『アストロ・ボーイ』という題名で全米に放送され、ウォルト・ディズニーの目にもとまり、宇宙志向の作品性が評価されたと言いますから、後の国際的な評価の土台も『アトム』にあります。

では、その発展を可能とした「再発明」とは何か。当事者である山本暎一《やまもとえいいち》の自伝的小説「虫プロ興亡記」で述べられた８種の技法を参考に、本書なりに解説してみましょう。

⑴３コマ打ち

同じ絵を３コマずつ撮影（1秒間に8枚）するのを基本とする。「３コマ撮り」とも呼ぶ。

(2)トメ

表情のあるアップなどを「トメ画」1枚で済ます。カメラワークで工夫し、動いているように見せる複合技法を生んだ。

(3)引きセル（スライド）

キャラクターを長いセルに描いて移動させることで動きを生み出す。

(4)くりかえし（リピート）

最初の1枚目に戻ってつながるよう6〜12枚程度の繰り返しで作画すること。

(5)部分（別セル）

動きのある部分だけ別のセルにして動かす。身体はトメで腕だけ作画するなど。

(6)口パク、目パチ

口や目だけ別セルにして3〜5枚のランダムなリピートで動かす。

(7)兼用
同じ動きが要求されるカットにセルを使い回す。違う背景を使うこともある。

(8)ショート・カット
ワンカットを3秒ぐらいを基本として短めに切り上げ、テンポ重視で見せていく。

手塚が自慢した「ＢＡＮＫ（バンク）システム」は９番目になりますが、これは技法よりも運用管理に属するものです。一度使ったセル画を「アトム飛行」「アトム笑い」などストックして流用する手法です。「セル画を積んだ状態が、お札を預けて引き出す銀行に似ている」ことに由来しますが、現在ではフィルム複製など「映像の流用」も、ＢＡＮＫと呼ばれることが多くなりました。

こうした工夫で毎回の作画枚数を「２千～３千枚」に抑えることも可能となったのです。ただし、手塚が陣頭指揮をとった初期数話は４千枚程度だと推定されています。

日本式リミテッドが開いた扉

初期の『鉄腕アトム』は、批評家たちから「動きがギクシャクしている」などの批判も多く受け、「アニメーションの死」と言われることさえありました。

その一方で、最初は方便だった「3コマ打ち」は、日本独自の物語重視とリズム感を生みました。中に2コマ、1コマを入れて音楽的なリズムの獲得も可能ですし、動画が滑らかに連続して入ってくるよりも、むしろ必要な動きの情報を効率よく印象深く伝え、決まった画を観客の心に刻みこむための手法と、現在では認識されています。

枚数の使えない分だけ1枚絵の密度を濃くするなど、新しい映像表現の研鑽も始まりました。火花（ショック）や冷や汗、流線など後に「漫符」と呼ばれる紙の漫画特有の記号も採り入れた点で「原作漫画のテレビ放送」に貢献する工夫も多い。そんな「漫画との親和性」も見逃せません。

「テレビまんがの世界」には先人がいませんから、試した表現の実験は仲間うちですぐ評価され、ライバル意識が育つ。これが独自の進化を生み、70年代、80年代にはさらなる「伸びしろ」が発見され続けたのです。「リスクをおそれず新しいことを試み、乗りこえて成功すれば道が拓ける」と換言すれば、これが「冒険」だったことも分かります。

「テレビ覇権時代」の莫大な「広告収入」も、「ビジネスとしての確立」に寄与しました。

ところが『アトム』の成功で「テレビまんがブーム」が高まって3年が経過した1966年、次の変革が起きます。

空想特撮シリーズ『ウルトラQ』『ウルトラマン』が製薬会社をスポンサーにして、テレビの世界から「怪獣ブーム」を巻き起こしたのです。「漫画の神様・手塚治虫」が『鉄腕アトム』をヒットさせたのなら、次は「特撮の神様・円谷英二《つぶらやえいじ》」の出番というわけです。ここで〝テレビまんが〟は「アニメ＋特撮」とハイブリッド化し、さらなる進化が始まりました。

さて、創設当時の虫プロに話が戻りますが、そこは「テレビへの覇権移転の影響で衰退した産業」から流れてきた雑多な人材たちが集まる「坩堝《るつぼ》」だったことにも注目したいです。「貸本漫画（劇画）」出身のクリエイターは「少ない枚数やトメ絵で映画的な画面にする」という作法を開発します。その代表が出﨑統です。日本のアニメには「リミテッド手法でも〝映画〟にしたい」という願望が反映されていますが、その一端は「劇画」の〝映画志向〟と強い関連があるのです。

富野由悠季《とみのよしゆき》（代表作『機動戦士ガンダム』は第3章で取り上げます）は日本大学芸術学部で実写映画の演出を学んだ人材です。しかしかつて「六大学出身者のエリートでないと入れない」とされた映画産業も衰退し、彼の卒業時期には採用を絞っていました。その結果、漫画映画には興味がなかったものの、手塚治虫の名は知っていた富野は、１９６４年に虫プロダクションへ入社し、絵描き中心の現場で〝映画志向〟を磨こうと試みます。

見逃せないのは、「ラジオドラマ」からの人材移転です。日本大学芸術学部放送学科でラジオドラマの音響演出を学んだ田代敦巳《たしろあつみ》は、『鉄腕アトム』に技術進行として参加しましたが、テレビ会社（フジテレビ）が担当していた音響制作にも自主的に参加し、助手を担当します。そして1965年、日本初のカラーテレビアニメ『ジャングル大帝』から「虫プロも音響を担当すべきだ」と主張し、日本初の「音響監督」を名乗ったのです（後に音響制作・アニメ制作会社のグループ・タックを設立）。映画会社の系列である東映動画では映像の演出家が実写のように音響指示を出すべきとして、音響監督を置いていませんでした。実写では演出家が画と音響を統一的に見るのが一般的だからです。音響監督という役職もテレビアニメの発展が生んだ日本独自のものなのです。そしてコマーシャルによるビジネスで先行していたラジオ放送文化からの流入という視点は重要です。

当時新興だった「日本SF」も黎明期のテレビアニメに力をあたえました。まだSF小説は一般文学から「子ども向け」と下に見られ、市場が確立していなかったため、新人作家は児童雑誌や教育雑誌の仕事を多く手がけていました。その1人、豊田有恒《とよたありつね》は脚本家として虫プロの文芸部に参加し、原作ストーリーが払底した後に「オリジナルストーリー」を提示し始めます。豊田は後に『宇宙戦艦ヤマト』で基本設定の構築に参加します。この「オリジナル主義」は、後々『機動戦士ガンダム』を生み出す源流のひとつとなっていくのです。

テレビアニメ『鉄腕アトム』は、こうした異業種のハイブリッド、新たな合流点として誕生しました。その坩堝のなかでの化学変化がもたらした「再発明」だからこそ、新興メディアとして強度を勝ち得た。そのいくつかは後続のスタンダード、規範にもなり、結果として一大ジャンルを形成しました。だからこそ、『鉄腕アトム』を日本製アニメの隆盛における「第2の最重要転換点」と認識することには応分の正当性がある、と考えています。

さて、続く章では「テレビまんが量産化」が臨界点を超え、初期の視聴者がティーンエイジャーに成長したとき、何が起きたかに注目します。虫プロダクション系のスタッフ中心に生み出された2つのオリジナルアニメ『宇宙戦艦ヤマト』と『機動戦士ガンダム』が、どのような変化をもたらしたか。それらについて語っていきます。

第2章　『宇宙戦艦ヤマト』の旅立ち

表現の激変が「テレビまんが時代」を終わらせた

本章では1974年のテレビアニメ『宇宙戦艦ヤマト』（再編集による劇場版は1977年）を扱います。次章の1979年の『機動戦士ガンダム』（劇場版は1981年）と、2作連続して語ることで、「青年向けアニメの確立」をもたらしたプロセスを追っていきます。

『ヤマト』まで大半の商業アニメーション作品は、世間から「カートゥーン」「漫画映画」「テレビまんが」などと呼ばれ、主流は「子ども向け」の枠に閉じこめられていました。「誇張された非現実」を描き、「非現実キャラクター」を前景化することに価値をおく点で、紙の漫画との区別も曖昧《あいまい》です。ギャグ作品が多いのも、「現実を破壊する性質」のためです。逆に「大人向け」だと「成人対象」で、性が前面に出がちでした。

こうした風潮から言えるのは、「子どもでも大人でもない観客層」がアニメに何か特別な価値を見いだす可能性それ自体が未開拓だった事実です。それは「中高生以上」つまりティーンエイジャー（13〜19歳）のことですが、1970年代に「彼らの鑑賞に適した物語を提供できる」という新たな流れが生まれ、それが日本製アニメの特徴を明確化していきます。『ヤマト』と『ガンダム』は、特定の漫画原作を持たない「アニメオリジナル作品」でした。それが新市場を開拓した結果、アニメと漫画の混同も後退します。「子ども向けではない」「紙の漫画とアニメは別だ」、さらには「特撮も含む〝テレビまんが〟とは違う」というファンの意識が、「〝アニメ〟と呼んでほしい」という動きへと収束していきます。マスコミもそれに対応して「アニメブーム」という単語を使うようになり、最終的にはアニメ専門雑誌「アニメージュ」が創刊されるに至り、略語の「アニメ」が「（テレビ）まんが」に代わって一般化します。

『鉄腕アトム』の放送開始時、未就学児童だった「テレビアニメ第一世代」（１９５８〜１９６０年生まれ）が成長し、中高生となった時期です。それがすぐ成長して社会に出て活躍することで、時代の変化が急加速し始める。それが１９７０年代の10年です。

同時にアニメの表現も、飛躍的に進化し始めました。１９６５年から始まったテレビアニメのカラー化も１９６９年にほぼ完了、１９７１年には政府指示で完全カラー放送が推進され、白黒アニメの再放送がほぼ無くなります。カラーテレビ化でディテールもよく見えるようになり、表現力の向上が求められて、低コスト作画による動きの不足を補うための技術進化も急加速します。

手描きのツルンとした「ハンドトレス」も、カラー化に並走して導入された「トレスマシン」による荒々しい線に置き換えられ、「漫画」のイメージから離れた「劇画タッチ」を獲得します。これはカーボン熱転写で動画の鉛筆線をセル上へ緻密《ちみつ》に再現する機械のことです（ディズニー社などで使われていたコピー機と同じ原理の「ゼロックス」という機材も東映動画な

ど で 導入されました)。

背景美術も絵の具で描いた後にタッチや主線を加えて高度化し、撮影も透過光の付与(セルの裏から光を透過させる技法)や繊細な移動速度の実現など、手間をかけるように変わっていきます。こうした「有意情報の細密化」で、リアリティの強化が進みました。

特にSF・ロボットアニメの分野では、ルック(映像の見た目)の変化が顕著に起きました。玩具《がんぐ》の需要喚起のため、光線、爆発、破壊など、特撮ヒーローものと拮抗《きっこう》できるスペクタクル表現が求められたからです。ドラマ、ストーリー面でも、悪の側にも悪なりの理由があり、人間関係の機微が存在するなど、一気に複雑化していきます。

70年代はテレビ分野で着実な進化が積みかさねられ、それがアニメ視聴者層の一部に「これはティーンになっても見続けるべきでは」という、強い動機づけを喚起していった10年だと総括できます。日本のアニメは「成熟と収穫の時期」を迎えたのです。

なお『ガンダム』は「70年代の転換点」より「80年代の先駆け」と見るのが適切と考えているため、章を分けました。まずは『ヤマト』に至る流れをみていきましょう。

初めて開拓されたティーンエイジャー向け

70年代の「子ども向けからの〝転換〟」の原因は、いくつか複合しています。漫画やアニメは、10歳を超えて小学校高学年にもなれば「卒業」するのが社会通念でした。大人なら非現実に耽溺《たんでき》してはいけない、そういう強制力があったのです。当時も大人向け漫画はありました。しかし社会風刺やエロティックな作品が大半で、１９６３年には小島功《こじまこお》原作の『仙人部落』が大人の時間帯にテレビシリーズ化されていますが、主流にはなりません。

ところが60年代後半ともなると、戦後ベビーブーマー（団塊の世代）の学生を中心に「漫画から卒業しない現象」が起こります。そのボリュームゾーンに向けて「週刊漫画アクション」「ビッグコミック」などの青年漫画誌が創刊され、性や暴力、社会問題などを内包した作品が発表され始めます。これで「大人」「青年」「子ども」とラインナップが連続的となったように見えますが、まだ空白の年齢層がありました。それが小学生を卒業したティーンエイジャーです。そのコアが後に「中二病」と揶揄《やゆ》される14歳、第二次性徴を迎える「大人でも子どもでもないトワイライトゾーン」です。

このエアポケット的な年齢層が、『ヤマト』『ガンダム』を支持したと考えています。自らの意思で「卒業」を否定し、新しい価値観を選択し、80年代前半には可処分所得をもつように成長する。やがて彼らは高額なビデオパッケージやフィギュアなどを購入するようになり、次々と新しい市場を築くことになる。近年、業界で「ハイエンド」「ハイターゲット」「コアターゲット」などと呼ばれるユーザー層の誕生です。

「成人向け」の試みだけなら、1970年前後にも存在しています。1969年、手塚治虫《てづかおさむ》と虫プロダクションは「アニメラマ」のブランドで「大人向けアニメ」を立ち上げ、初の長編映画『千夜一夜物語』を作りあげました。1967年にデンマークでポルノグラフィが解禁され、日本でも性の解放が議論されていた時期で、体制からの抑圧を否定するムーブメントの一環でした。『千夜一夜物語』は時流に乗ってヒットしますが、パロディ色の強い『クレオパトラ』(70)や、イラストを動かす点で実験性の強いアート的なアニメ『哀しみのベラドンナ』(73)はそれに及ばず、他の要因も重なって虫プロを倒産に至らしめます。

同じ時期に虫プロは、石森《いしもり》プロからの発注で石《いし》ノ森章太郎《もりしょうたろう》原作の『佐武《さぶ》と市《いち》捕物控』(68)の制作協力をしています。少年誌から青年誌に移籍した点で象徴的なタイトルでもあり、スタート時は夜9時台と「大人の時間帯」で放送されました。出崎統《でざきおさむ》がテレビシリーズ『あしたのジョー』(70)の初監督を弱冠28歳でつとめたのも、同じ時期です。高森朝雄《たかもりあさお》・ちばてつやによる原作漫画は、既成の常識を打ち破る野生児・矢吹丈《やぶきじょう》の活躍で学生運動の闘士に支持され、出崎演出の情熱的な映像感覚によるアニメも話題を呼びました。

『ルパン三世』(71)のテレビシリーズも近い時期です。初の青年週刊誌「週刊漫画アクション」(67年創刊)の看板作品のアニメ化です。モンキー・パンチという日本人離れしたペンネーム、荒々しい異色の画力と卓越したセンスで話題を呼んだ原作のアニメ化は、ドライなタッチとブラックユーモアが同居した作風となり、エロティック表現をゴールデンタイムに出す挑戦としてスタートしました。

この「大人向け路線」が視聴率的に受け入れられず、おおすみ正秋《まさあき》監督は早々に降板します。そして「児童向け路線」への変更を「Ａプロダクション演出グループ」の名義で担当したのは、東映動画で『太陽の王子ホルスの大冒険』（68）を手がけた高畑勲《たかはたいさお》と宮崎駿《みやざきはやお》でした。同じ『ホルス』の同志で作画監督の大塚康生《おおつかやすお》がシリーズを統一したため、大人向けからの撤退はそれほど目立ちませんでしたが、結局視聴率は回復せず、全23話で打ち切りとなります。観客がまだ未成熟だったのです。明らかに「早すぎた作品」でした。

カギは嗜好の世代差

なぜこれらの「青年向けアニメ」は成功しなかったのでしょうか？　原因は「週刊漫画第一世代」（団塊の世代、１９４７〜１９４９年生まれ）と「テレビアニメ第一世代」（１９５８〜１９６０年生まれ）との間に存在する、約10年間の年齢ギャップだと考えています。政治闘争の世代にとって、作者の顔がダイレクトに見えてメッセージ性が「個の叫び」のように感じられる青年漫画・劇画は、共感を得られるメディアでした。ところが「テレビまんが」は、政治闘争の標的だった大企業の道具です。団塊の世代は『アトム』時点で中学生でしたから、

「テレビまんが」は幼稚だという固定観念のまま70年代を迎えたのかもしれません。「大人向け」の定義にも問題がありました。そこには「エロス&バイオレンス」が「アダルト」だとする短絡的な発想もあったからです。しかし、テレビアニメ第一世代の好みは真逆です。美しく純な嗜好《しこう》性があり、「肉食的な大人の刺激」を好まないのです。傍証は『ヤマト』と『ガンダム』が「メカと美少女」のキーワードを生み、その決定版として『超時空要塞《ようさい》マクロス』(82)の流れに至ることです。これはやがて「オタク」「萌《も》え」に発展しますが、「生身を持たないアイドル的アニメキャラ」は「反・肉食」で「純粋志向」なのです。70年前後の「アダルト志向」は、明らかにミスマッチでした。

『ルパン三世』は、数年かけて再放送により評価を得ていきました。その結果、1977年にはパート2が放送され、大衆的にも人気作品となります。同じ年、やはり本放送では不人気だった『宇宙戦艦ヤマト』が同じく再放送での人気をバックに劇場版でヒットしたのは、決して偶然ではありません。「成熟には時間が必要とされる」というのが理由です。1978年には『科学忍者隊ガッチャマンII』『新・エースをねらえ!』など、再放送での評価を背景とする続編やリメイクが続きます。

全ては5~6年かけて「テレビまんが世代」が次第に成熟した結果だと考えられます。『宇宙戦艦ヤマト』は機運が熟していく道程で後の世を先導する、最初のピークなのです。

アニメを根底から変えた『宇宙戦艦ヤマト』

『宇宙戦艦ヤマト』の番組放送開始は１９７４年10月6日、よみうりテレビ系全国ネットでゴールデンタイムの日曜夜7時半からでした。ただし本放送時には満足な結果が出ず、全39話の予定を全26話に短縮しています。裏番組『アルプスの少女ハイジ』のクライマックス時期と放送開始が重なり、作品のコンセプトも斬新すぎて大衆の理解が及ばなかったのです。その真価が社会に認められるのは、１９７７年にテレビの再編集ベースでまとめられた劇場映画公開の時です。

では、なぜ視聴者とのギャップが生じたのか。それを知るために、まず『宇宙戦艦ヤマト』の特異性を確認しましょう。

——西暦２１９９年の未来、宇宙から来た謎の侵略者ガミラスの超兵器・遊星爆弾により、地球全土は焦土と化す。放射能を避けて地下都市に逃げた人類の絶滅まで、残りわずか１年。救済可能な特殊装置を求め、選ばれたメンバーは戦艦大和《やまと》を改造した宇宙戦艦ヤマトで、14万8千光年の彼方《かなた》、大マゼラン雲のイスカンダルまで苦難の旅をする……。

これが「基本ストーリー」です。実際、２０１０年に実写映画化された『SPACE BATTLESHIP ヤマト』、２０１2年に「ヤマト世代」の出渕裕《いづぶちゆたか》総監督らによってリブートされた『宇宙戦艦ヤマト２１９９』も同じストーリーと言えます。であれば「『ヤマト』とはこういう物語だ」と言うこともできるでしょう。

ですが……。これは果たして「物語」と呼べるものなのでしょうか？　まず注目すべきは、文中に「キャラクター」が登場しないことです。「あらすじ」が、主人公の古代進《こだいすすむ》や沖田十三《おきたじゅうぞう》艦長という固有名を出さなくても書けることになる。これ以前の他の作品で試してみれば、『ヤマト』がいかに異常で画期的だったか分かります。なぜなら「テレビまんが」の大半はメインタイトルが主人公名となっている「キャラクター主義」だからです。ゆえに「あらすじ」も自動的に「主人公を主語にした行動の記述」になる構造が存在する。

メインタイトル〝宇宙戦艦ヤマト〟がキャラクターの代わりで「主役」だとすれば、その行動は旅であり戦闘であり、「あらすじ」として成立するかもしれません。ところが「ヤマトの骨子」は、次のたった3枚のビジュアルでも説明可能なのです。

・赤く焼けただれて滅亡に瀕《ひん》した地球
・干上がった海底にたたずむ赤錆《あかさ》びた戦艦大和

・地下都市で宇宙戦艦に改造されかけたヤマトの船尾

ここには人間どころかヤマトの全体像さえ出てきません。実際に第1話には〝宇宙戦艦としてのヤマト〟は登場せず、主役抜きで物語が進んでいく。それで成立するのです。では、何がキャラクターよりも優先度が高いのか？　それが「世界観」です。それも個人レベルでは到底とらえきれない、星雲をまたいだ「巨視的な世界観」です。「世界観」を人物よりも前景化し、主役級の役割をあたえた。そこが最大のエポックメイキングであり、後の日本アニメ文化の方向性を大きく決定づけたものなのです。ですから、以下の章でも「日本のアニメは〝世界観主義〟が高度化させた」との仮定のもと、話を進めます。

「戦艦大和」は実在した兵器ですし、戦闘の多くは第二次世界大戦の戦記ものから引用されている。遊星爆弾の放射能汚染を、広島・長崎への原子爆弾投下のメタファーと読み解くことも可能でしょう。しかし、そうした卑近な読解をすればするほど、アニメ作品で本当に描かれたものから遠ざかるようにも見えます。それは「現実性」「日常性」からいかにして「大きく離れて飛躍するか」が「世界観主義」の急所だからです。

『ヤマト』の「ビジュアル的世界観」を無視して、テキストのみで読解するのは、無理があるということです。『ヤマト』は、観客に想像力と思考力を駆使させて、積極的な「世界の読解」を要求する作品として登場した。その読解が観客の「参加の感覚」を醸成させる。その結果として、想像力豊かで多感なティーンエイジャーが没入した。没入した後に個々人は、さらに熱狂できる要素を発見していきます。過去類例のない現象です。

これは「送り手・受け手の急接近」が生んだものでもあります。だからこそ、希代のヒット作になった。それはアニメのヒット作が出るたび、共通する条件になっていきます。

統合された製作と制作

日本のアニメ文化の進化の流れを変え、階段を一気に飛び越すようなエネルギーを放つことができた。それは『宇宙戦艦ヤマト』が既存の方法論に囚《とら》われない「作品づくり」をしたからです。

ここで「せいさく」に2種類あることを紹介します。資金を集めてフィルムを作りあげて作品を運用する場合は「製作」。そして現場にクリエイターを集めてリソースを手配し、目的に見合うフィルム作品をつくる行為には「制作」（通称「コロモなし」）を使います。

前者はビルのオーナー、後者は建築現場に相当します。『ヤマト』では通常分かれる二者を一貫してオフィス・アカデミーが受け持ちました。大企業に所属しない一匹狼タイプの西《にし》崎義展《ざきよしのぶ》プロデューサーが企画を立ち上げ、先行する漫画や小説のない「オリジナル作品」としてプロジェクトを推進したのです。

美女とメカ描写ですでに定評のあった漫画家の松本零士《まつもとれいじ》を設定デザイン・監督として迎え、映画監督の舛田《ますだ》利雄《としお》、虫プロの演出を統括していた山本暎一《やまもとえいいち》、ＳＦ作家の豊田《とよた》有恒《ありつね》を監修とし、ＳＦ集団スタジオぬえを交えてプリプロダクションを入念に行い、カラーイラスト満載の豪華企画書を何種類も作りあげています。それはインディペンデントだからこその情熱の提示です。制作現場は東京都練馬区・桜台《さくらだい》の雑居ビルの３フロアを借り、放送終了後は解散しました。まさに「プロジェクトありきの作品」でした。

その当事者・西崎義展は、渡欧して海外流の興業ビジネスを学び、制作・製作を一貫して推進・管理・ジャッジメントする意味で「ＧＰ（ジェネラル・プロデューサー）」を名乗りました。全額出資のリスクを引き受け、内容面でも会議を重ねて自分のカラーを出すやり方で、「企画・原案」の肩書きはそこに理由があります（近年「原作」表記となった経緯は複雑なので本書では省略します）。

本書では後年にあたえた影響に着目し、『宇宙戦艦ヤマト』のポイントをピックアップしていきましょう。

まず先述の「ヤマトの世界観」は、70年代初頭のダークな世情や「終末ブーム」を反映したものです。中東からの石油供給が欠乏するオイルショックだけで、万能と思われた科学文明の基礎は瓦解《がかい》する。そんな危うさが露呈するのと前後し、SF小説「日本沈没」（小松左京《こまつさきょう》）とノンフィクション新書「ノストラダムスの大予言」（五島勉《ごとうべん》）がミリオンセラーになります。前者は日本列島の沈下による滅亡を描き、後者は「1999年7の月、恐怖の大王が降臨する」と、同じく滅亡を示唆する中世予言者の解釈本です。いずれも繁栄の絶頂を過ぎつつあった日本の浮ついた風潮に警句を告げる意図があり、両者ともに東宝で特撮を駆使した大作として映画化され、「終末ブーム」を加速させました。

『ヤマト』の地球は、敵・ガミラス星による遊星爆弾の無差別攻撃で放射能汚染が進み、真っ赤に変色しています。しかしそのガミラス星もまた滅亡に瀕していた。この真相は、シリーズ終盤で判明します。「公害による環境汚染」「東西冷戦による全面核戦争と放射能汚染」が作品の「世界観」に投影されている点で、「終末ブーム」の一部です。

ここで注目すべき特徴があります。それは「破滅を美的に描いたこと」です。〝美化〟とは少し違います。恐怖や不安と同時に、哀切の美を漂わせた音楽を乗せ、ビジュアルとサウンドを駆使して相反する要素を統合的に示したのです。

こうした「言語を超えた表現力」こそが「ヤマトの革新」なのです。そしてこの突破口が「日本人にしか作れないアニメ」を拡大させていきます。「子ども向けからの脱却」とは、単に「アダルト向けの題材」を扱うことではない。リテラシーや想像力が高まりつつある「大人直前」のティーンエイジャーの心をつかむことだ。そう断言できるのは、この「高度な表現力による世界観」こそがヒットの主要因だと確信しているからなのです。

『宇宙戦艦ヤマト』の革新性

大事なポイントなので、もう少し事例を加えましょう。

第1話Bパート（後半）冒頭では、ガミラスの遊星爆弾で地球が滅亡寸前となっている現況が描かれ、続いてそのプロセスの回想が流れます。このシークエンスで作品に魅了された視聴者も多いはずです。

宇宙から飛来する遊星爆弾は、赤熱したクレーターの大質量岩石です。これが地表に激突すると同時にエネルギーが解放され、爆発が起きる。しかし地球を見つめる沖田艦長の視点は、はるか宇宙からです。この距離がスケール感を生む。爆発の赤熱光は当初小さく明るいが、やがてフワッと拡散する。はかない光が美しく、切なさをかきたてる……。

健常だったころの地球の風景が出る。淡々としたナレーションで初めて客観性な「解説」が始まる。大爆発に巻きこまれ、破壊され高熱で蒸散する地上と建造物。効果音はなく、サウンドは哀切あふれる女声スキャットのみ。そして「言葉の解説」との対比、その相乗効果で叙事詩的な情感が生まれ、「美意識」が浮かび上がる……。

ここでは、対立構造を単純化した大衆的な価値観とは違い、高度な読解を要求するものが提示されています。子ども向け作品では「善と悪」「美と醜」「秩序（コスモス）」と混沌《こんとん》（カオス）」など対立軸を設定し、「悪者は醜く破壊を好む」と関連づけて提示されがちです。しかしその既成概念に収まらない、相反するものを1つに合わせるような複雑な表現を、『宇宙戦艦ヤマト』は大衆の消費物だったテレビアニメの枠組みで実現しました。

「誇張と省略」を是とし、記号化で余計な情報を捨てて、繁栄してきた「テレビまんが」。ところが『ヤマト』は「核爆発」に付随する中性子線の放出や空力加熱によるリングの発生など、科学的知見に基づくディテールで情報量を増やし、破滅の臨場感を高めました。その上で、「滅びの哀しさこそが美しい」と、視覚聴覚を総動員して高次の価値観を編み上げているのです。この飛躍的な表現力向上こそが、革新の本質だったのです。

『ヤマト』にはこの種の「旧来のアニメーション作法（誇張と省略）に反するアプローチ」が満載でした。「メカデザインの複雑性」も、そのひとつです。

アニメ作画は、線で囲まれたシルエットの変化で表現するもの。ゆえにディテールを構成する線を極力減らすのがセオリーです。設定書に描かれた1本の線は、100枚の動画になったとき、100本の線に増えてコストを圧迫するからです。ところが主役メカ「宇宙戦艦ヤマト」は太平洋《たいへいよう》戦争時に建造された戦艦大和をベースに未来風のアレンジを施したのみならず、パーツの細部を省略せず、むしろ複雑化させて美的なデザインに昇華させました。

3基の主砲と2基の副砲は三連装で、両脇には測距儀が置かれている。艦上構造物として艦長室、第一艦橋、第二艦橋が垂直に配置され、左右の機銃座が中枢を守護する。オリジナルの大和がもつ機能美あふれる構造の調和が、SF的に継承されています。アンテナ、煙突、カタパルトなど随所が「機能の伝わるデザイン」で示され、役割分担の存在が高い戦闘力の根拠となっています。特に船体に曲面重視のアレンジが加わったことで、オリジナルの戦艦大和を超えた、キャラクター性あふれる美的な宇宙船に生まれ変わっているのです。

これを「立体として動かす」ためにはパーツの空間的な位置関係が整合するよう留意して作画する必要が出ますから、アニメーターにとっては苦行です。本来なら描写を避けたいところですが、逆に重量感をもたせ、動いた軌跡が空間表現となるよう、枚数をかけてゆっくり動かす指示が出た。制作現場では「アニメーションの自殺行為」と自嘲《じちょう》的な表現さえ出ていました。

ヤマト本体の色も宇宙の色も、黒方向に暗く指定されています。カラー化普及直後ですが、まだ当時のテレビ受像機の性能ではせっかく描いた大量の線が真っ黒に潰《つぶ》れることも多かった。それでも宇宙の深さや艦の重み、質感、ムードの「表現」を優先していたのです。

総じて「情報量を増やし、表現力の深度を増す」考え方であり、生産効率より芸術性を優先する画づくりです。通常なら対立する製作と制作を統合したからこそ可能だったチャレンジ。他にも無数に盛りこまれた非常識が総合力となって画面の〝圧〟が高まり、それが総体として「美学のある世界観」となった。その結果、ティーン層は「新時代が来た」というインパクトとともに『宇宙戦艦ヤマト』を歓迎したのでした。

革新的な「情報量のコントロール」と「クオリティ主義」

ここで「世界観」「細密化」「リアリズム」を優先的に説明しているのには理由があります。それは1980年代後半以後、『AKIRA』などを通じて海外の論客から再発見される「日本製アニメの特質」に直結するものだからです。ビジュアル主体の総合映像的なインパクトが際立っていたから、『宇宙戦艦ヤマト』は青年層の胸に響いた。「観客が何を手がかりにリアリティを感じ世界に没入するか」の点で、旧弊な基準を更新した。

従来のアニメ論評では、『ヤマト』が太平洋戦争や民主主義など、文芸面中心で語られるケースも多々ありました。しかしいくらそんな解析を重ねても、「なぜ画期的だと受け入れられたのか」は明らかにならないと思うのです。「アニメだからこそ可能になったこと」「アニメの何を変えたのか」を軽視し過ぎる風潮には違和感があります。

本書で『宇宙戦艦ヤマト』を重要転換点と位置づけているのは、「ビジュアルの細密化」

など〝以前以後の節目〟があり、そこが後世へと連鎖する影響の震源地だからです。「アニメの新時代を築いた理由」は、こうした点にこそあるはずです。

ここで問題にしている「情報量」についても、解説しましょう。それは単なるデータの多寡ではなく「観客が優先的に注視する有意情報」の多寡を指します。映像の「クオリティ」とは、「カット（映像の最小単位）から目が離せなくなる有意情報の重み」なのです。演出家は、この情報量のコントロールで観客を作品世界へ引きずりこむのが仕事です。

観客は「線の多い画」を見ると、「あえてディテールを細やかに描く意味は何か」と関心を喚起します。たとえばヤマトがロケットアンカーを射出すると、鎖のパーツを略さず描いていることにまず感心し、スラスターで制御して小惑星へ係留する挙動を示しつつ、ヤマト本体が宇宙における慣性力を打ち消すため、推進剤を噴射して逆制動をかけることに驚く。観客が〝クオリティの重み〟を感じるプロセスとは、こういう類《たぐい》のものです。

「機能」「性能」「根拠」が伝わるよう描かれたメカに「美意識」が宿り、緊張感、臨場感を生んだ。そんな「新しいビジュアル表現」が中高生以上のティーンエイジャーを惹《ひ》きつけた。このプロセスは、続いて論じる作品群にも共通していると考えています。

『ヤマト』は有意情報の重みと配置が美意識に高まった「クオリティ主義」の、新たな原点となったのです。

放送終了後も消えない世界観

漫画家・松本零士は「監督」以外にも、メインキャラクターの設定からストーリー原案など、さまざまな役割を果たし、ことに「美術設定」「メカ設定」を数多く描きました。これは「世界観」を支える点で、文芸面以上に重要なファクターです。

ＳＦプロパーのビジュアル集団・スタジオぬえ（『ヤマト』では宮武一貴《みやたけかずたか》、加藤直之《かとうなおゆき》、松崎健一《まつざきけんいち》の共同）がクリーンナップと追加設定を担当し、そこでＳＦ的な要素がさらに強化されたことも見逃せません。この「ＳＦとしてのレベルアップ」の感覚も重要です。

「架空の世界観を喚起させる作法」はファンタジー由来のもので、19世紀末、ＳＦの誕生とともに「科学と論理による整合性」を得て高まりました。そこにビジュアル面での「美意識」が加わることで大きなステップアップが起きる。人類が宇宙へ進出した60年代以後、「映像の時代」が本格化した全世界で同時多発的に起きた現象です。

なぜ筆者が「世界観」をそこまで重視しているのか、説明します。そもそもアニメは１００パーセント架空のファンタジーです。なのに成長したファンは「放送後も消えない感覚を提供すること」を求めるようになった。家庭用録画機器が普及していない時代、「テレビまんが」は「最終回が終わったら視聴者の頭から消えて無くなるもの」でした。作り手も「早く忘れてもらい、視聴者の脳内に空いたスペースへ新番組を入れ、新たな需要を喚起したい」と、そんな感覚が一般的でした。まさに字義通り「消費時代」だったのです。

『宇宙戦艦ヤマト』は「この作品世界を消してはならない」という気持ちを（筆者を含む）視聴者にかき立てた。これが次章で述べる「アニメ雑誌の誕生」に結びつきます。そのときファンに共有される基盤となっていたのは「世界観」だったのです。

ビジュアル主体による『ヤマト』の「世界観」は、言葉に過ぎない「敵味方」を視覚化しています。たとえば地球側、ヤマト関連のデザインは、シャープな直線と曲線の未来志向にまとめられています。対立する異星人ガミラス側の兵器や基地類は、柔らかで生物的なフォルムを多用し、海棲《かいせい》生物のようなバイオ的なセンスなのです。

これだけメンタリティが異なる者同士なら、容易には分かり合えない。「コンフリクト」（対立・衝突）が、斬新なデザイン感覚で視覚化された。だから他にはない「世界観」が「忘れがたいもの」になり得たのです。この「美術の世界観に重きをおく方法論」も、後の「日本製アニメの特徴」の先駆であり、規範を作ったと言えます。敵対してはいてもガミラス側メカのデザインには、異星人なりの〝美意識〟が感じられる。地球とは異なるルートをたどって進化した工学の産物であることが、デザインの背後から伝わってくる。まさに「ＳＦ的に考えぬかれた世界観」なのです。

スペクタクル描写を支えたエフェクト・アニメーション

戦艦大和をモデルにしたことを筆頭に、第二次世界大戦の兵器とメカニズムへ捧《ささ》げたオマージュも、本作の特質です。戦闘機・空母・銃器類の意匠の多くにミリタリー的センスが投影されている。「コスモ・ゼロ（宇宙ゼロ戦）」はその代表です。戦中の少国民世代がサラリーマンとなり子どもをもうけた60年代初頭に「戦記ブーム」が起きて、戦艦大和や零戦が少年誌にも多数掲載されました。そのプラモデルを通じて「兵器類の機能美」が、戦後世代にも届いていたのです。

『ヤマト』を超大作映画のようなスペクタクル映像にする上で活躍したのが、チーフ・ディレクター（クレジット上は「演出」で「制作現場監督」を意味する）の石黒昇《いしぐろのぼる》です。

戦記映画やSF映画では「特撮（特殊撮影）」が重視されます。それに相当するものが「エフェクト・アニメーション」です。そしてミサイル発射や艦砲射撃、爆発や大規模破壊にも「ディテール重視」の方針が持ちこまれました。「宇宙空間の爆発は煙や破片が重力の影響を受けずに四散する」「一瞬の爆燃が炎になり、煙になった後、燃えガラに沿って次第にツノが出るように展開する」など、SF的なアイデアとプロセス重視の方向性が、アニメの作画面に付加されました。このエフェクト重視も、後に日本製アニメを発展させる特徴となります。

ヤマトの〝必殺技〟に相当する波動砲発射では、艦内主電源をカットし、本来は噴射用のエネルギーを砲撃用に蓄積する。ヤマトが接近、回頭するときはカメラワークで誤魔化さず、ゆっくりと動かし重みのある描写を前面に出す。これらのアニメ作画は、リミテッド／フルアニメの対比に収まらないダイナミズムを提示しました。

ここでいう「エフェクト」とは「効果」のことです。ディズニー社は戦前から「キャラクター・アニメーション」以外の「風」「雨」「雷」「波」などには特殊な才能と研究が必要だと気づき、先駆的に「エフェクト専門部隊」を育成していました。そうした系譜に詳しい石黒昇は、『ヤマト』の見せ場で壮大なエフェクト・アニメーションを多用しました。これは実写の「スペシャル・エフェクト（ＳＦＸ）」「特撮」に対応するものです。「アニメの中にも〝特撮〟に相当する美意識、価値観がある」ということです。

日本映画では、円谷英二《つぶらやえいじ》特技監督が怪獣映画『ゴジラ』（54）のヒットで「特撮の神様」と呼ばれ、スター並みの集客力を獲得していました。「特撮キャラクター・怪獣」の誕生、都市破壊や超兵器の決戦など、スペクタクルに集客力があることを実証し、「特撮という鑑賞動機」を創出した貢献が大きいのです。

『宇宙戦艦ヤマト』は同様のプロセスで、「アニメの中の〝特撮〟（エフェクト）」が求心力を生む時代を招来しました。このスペクタクル感覚は国境を越えます。1980年代以後、アニメが海外進出していくプロセスの中でも、『ヤマト』から始まった「世界観主義」「スペクタクル主義」は重要なものに位置づけられます。

放送後に誕生したファンクラブと同人誌

一方で『ヤマト』各話のストーリーや人間ドラマは、保守的にも思えます。学園ものに近い青春群像劇に戦争映画、時代劇、任侠《にんきょう》映画に通じる浪花節《なにわ》を加えた点で、既存娯楽の要素も非常に多い。そんな多様な要素もあって、最終的には大衆化したと考えています。

本放送の『宇宙戦艦ヤマト』は視聴率が伸びず、全39話の予定を26話に短縮して1975年3月末で終了しました。やはり時期尚早だったのです。普通ならこの失敗ですべて終わりです。しかし独立プロ作品ゆえ、西崎義展プロデューサーの一存で水面下のリベンジが決まりました。アメリカのテレビで映画放送枠用に流す「テレフィーチャー形式（長編）」としてフィルムを2時間程度の長編に再構成し始めたのです。

本放送で衝撃を受けた中高生の視聴者たちも、あきらめませんでした。解散するスタジオへ通って制作資料を集め、ファンクラブを結成し、熱気を終了後も保持したのです。資料採録とコミュニケーションの両面で作品を同人誌に定着し、想いを共有して世界観を永く残し

『宇宙戦艦ヤマト』のファンクラブ会誌の例

たい。そんなファンの情熱は、絶滅寸前の地球を救おうと奮戦するヤマトの悲壮感に重なるものでした。筆者はその「ファンクラブ創設」の当事者です。「受け手の側から行動を起こした」「欲しいものがなければ作ればいい」と、積極性への転換の始まりでした。

もちろん『ヤマト』以前にもファン活動や同人誌は存在していました。しかし、『ヤマト』をシンボルに集まったこの時期の「多様性」「総合性」が、結果的に1977年の劇場公開時になってヒットの呼び水になったと考えられます。

現存する当時の会誌を見ると、エッセイ、評論、ファンイラストなど誰でも参加できる主観的表現に加え、設定、シナリオ、アフレコ台本、原画、作品リストなど客観的で専門性の高い資料を多数採録しています。主観客観の両輪を重視し、さらにスタッフインタビュー、アフレコ現場写真など「取材」で得られる情報も掲載。加えてパロディ漫画、ＳＦ面の科学考証、用語事典などの二次創作もあり、全方位的です。その後のアニメ雑誌によるマスコミ拡大期に必要とされる、ノウハウがあらかじめ集合知によって蓄積されていた。そのように今では考えています。

「ファン側もクリエイター的な行為をとって作品に参加する」という活動が目立ち、送り手・受け手が接近して疑似共犯関係を作り出していた時代があった。それがやがてビジネスを巻きこんで、拡大するわけです。だから「日本で特別に起きたこと」になったのです。

同人文化と直結していた『ヤマト』劇場版公開

その「同人メディアの総合性」は１９７７年春、『ヤマト』の夏の劇場公開に向けて非常に大きな役割をはたすことになります。その代表がサブカルチャー雑誌「月刊ＯＵＴ」（みのり書房）創刊2号です。この「宇宙戦艦ヤマト特集」に際し、筆者はサークル側から資料提供するとともに執筆者としても参加しました（結果的に商業誌デビューです）。

この号は「アニメ雑誌としてやるべきこと」を網羅しています。まず〝再編集による劇場版を準備中〟とセンセーショナルなニュースを伝える。当事者・西崎プロデューサーへのインタビュー。全エピソードガイド、メイキングプロセス（シナリオ、コンテ、作画、美術などの変遷）、科学考証、用語事典、パロディ漫画などなど……。

この「ＯＵＴ」は完売して大きな話題を呼び、アニメ専門誌誕生の先鞭《せんべん》をつけました。続くレコードなど高額商品の売り上げも堅調だったため、当初はファン向けのイベント上映の予定だった夏の「劇場版公開」は、東映洋画系の全国規模へと拡大します。その過程では、全国から数々のファンクラブの主要メンバーが集まり、宣伝にも協力しました。

こうして１９７７年８月６日、公開された劇場版『宇宙戦艦ヤマト』は、誰もが予想できなかった規模の大ヒット作となりました。観客動員数２２５万人。新聞・雑誌も劇場を取りまく入場待ち行列に注目し、「アニメブーム到来」の見出しで大きく取りあげます。加えて「若者中心のムーブメントである」と報道され、これを契機に「アニメは子ども向け」という社会通念が根底から変わりました。時代が変化した瞬間です。

その劇場版『宇宙戦艦ヤマト』はテレビシリーズ全26話をダイジェストし、一部新作を加えたものです。正直、ストーリーやドラマは物足りないのですが、初見の観客にとって「ヤマトの世界観」は衝撃的でした。第一艦橋の内部や主砲発射に反動をつけるなどのＳＦメカ描写は、劇場の大画面で初めて分かる密度感だ。そんな評価も当時、業界筋から聞いていました。アニメ映像を作りこむ基準も、ここで大きく変わったのです。

米国で同じ時期に、宇宙ＳＦ戦闘アクション映画『スター・ウォーズ』が大ヒットしていたことも追い風になりました（日本公開は翌年に延期）。劇場の「闇の空間」を「宇宙体験の場」とする「宇宙ＳＦブーム」は、映画における「異世界体験」の新しいかたちを、日米で提示しました。『スター・ウォーズ』にも「世界観主義」が確実にあり、戦記映画を未来ＳＦに投影した部分も多々見受けられて、『ヤマト』に近いのです。

時代を完全に更新するのではなく、旧来の要素を取り込み、再定義・再発明して進化する。この構造が日米で共通している点は、注目に値するのではないでしょうか。

ファンニーズに応えて拡大していく「アニメブーム」

『劇場版　ヤマト』のヒットは「アニメブーム」に拡大し、次にその持続の段階が始まります。「月刊ＯＵＴ」のように「ファンが青年化して新しい送り手になる」という点で、児童向けだったアニメ商品の基準も変わり、アニメカルチャーの基礎が構築されていきます。中でもまだビデオデッキが普及していなかった時代に、出版とレコード（音盤）の果たした役割は大きいです。

当時はＭＯＯＫ（ムック）と呼ばれる新たな出版形態が登場し、注目を集めていました。これはＭＡＧＡＺＩＮＥ（雑誌）とＢＯＯＫ（書籍）の合成語で、銃器、戦闘機、芸能、ファッションなどテーマを決め、カタログ的に情報を網羅・整理する出版物です。パノラマ的図解も併用し、コラムで詳細な情報を深めて、ビジュアル・テキストをハイブリッド化しているのです。その雑味のある編集は、クリエイションの集積であるアニメを「再読する手段」として相性が良く、ファンに認知されていきます。『宇宙戦艦ヤマト』の場合、設定資料や名場面を結集したムック「ロマンアルバム」（徳間書店）が大ヒットし、他社からも作品単位でムックが続々と発刊されていきます。旧作を掘り起こし、スタッフやデータ面から読解することが可能となった結果、ファンのリテラシーも高まっていきました。

「消えもの（フロー）」だった「テレビまんが」は、ここで初めて「ストック」に転じたのです。ここが「アニメが文化に高まる変革の第一歩」だったと考えています。

音楽産業も「子ども向け」から大転換を始めます。70年代まで、アニメ音盤の大半は「歌もの（主題歌・挿入歌）」でした。劇場公開直前、『ヤマト』のテレビ音声を抜粋編集したアルバム（通称ドラマ編）がリリースされています。家庭用ビデオがまだないので、60年代には音声だけをラジオドラマ的に聞く廉価な音盤の「ソノシート」が存在していました。物語を再確認するパッケージの先行例に、『ヤマト』も続いたのです。

宮川泰《みやがわひろし》による『ヤマト』の音楽は評価が高く、効果音やセリフの重ならないBGM（業界用語は劇伴＝劇につける伴奏）を聞きたいと、潜在的なファンニーズがありました。では、なぜそれが商品化されなかったのか？「モノラル録音」「インストゥルメンタル楽曲」には商品価値がないと思われていたからです。その結果、劇場版大ヒット直後の1977年末に「交響組曲　宇宙戦艦ヤマト」がアルバム化されます。大編成・ステレオ録音でBGMを新アレンジしたもので、これが異例のヒットとなり、音盤の状況も一変します。

つまり「歌以外の音楽ビジネス」もまた、青年ユーザー層のリテラシーが高まったからこそ成立したものなのです。レコード（音盤）は「数千円単位の高額パッケージ」ですから、菓子・食品に比してスケールメリットがあります。そしてこのパッケージビジネスが、80年代のOVA（オリジナル・ビデオ・アニメ）、ひいては後の深夜アニメにつながっていきます。

『ヤマト』は玩具ビジネスも革新しました。テレビ本放送時、ヤマト、コスモ・ゼロ、ブラックタイガー、アナライザーはすでにプラモデル化されていましたが、「ゼンマイ走行」で児童向け商品だったのです。しかし劇場版ヒット後、メーカーのバンダイは金型をディスプレイモデルに改修し、再発売します。以後は、設定デザインに忠実なディスプレイタイプが基本となりました。これが『ガンダム』のプラモデル・ビジネスのルーツです。

すべては『ヤマト』のとき「ファンニーズに応《こた》える努力」を全方位で強化した結果でした。

続編『さらば宇宙戦艦ヤマト　愛の戦士たち』の革新

この翌年、アニメはさらに「社会的に無視できない存在」にまで高まります。それを決定づけたタイトルは『さらば宇宙戦艦ヤマト 愛の戦士たち』（1978年8月5日公開）――テレビシリーズの続編であり、（当時は）完結編として製作されました。

企画・原案・製作・総指揮／西崎義展、監督・総設定／松本零士、監督／舛田利雄、アニメーション・ディレクター／勝間田具治《かつまたともはる》、テクニカルディレクター／石黒昇に加えて、第1作目から続投するアニメーターたちと、第一線で活躍するベテランアニメーターたちを総結集し、湖川友謙《こがわとものり》（当時・滋《しげる》）が総作画監督としてまとめた超大作です。制作現場も、東映動画に変わりました。第1作目の虫プロの流れをくむ中核スタッフと東映長篇漫画映画時代からのスタッフ、多数の外注スタジオが結集して制作された点でも画期的であり、歴史的事件です。しかも総尺は151分と、90分前後が多かったアニメ映画の常識を打ち破る挑戦的な作品でした。

前年生まれた新しいファン層に向け、直球勝負で投入された本作の人気は大衆へと拡大し、まさに奇跡的な興行成績を獲得することになります。観客動員数400万人、配給収入21・2億円と、同年日本映画第1位作品『野性の証明』配収21・5億円に迫る第2位の成績を記録したのです。ここに至り、アニメを縛っていた「子ども向けの枠組」は完全に吹き飛びました。ブレイクスルーが起きたのです。

物語は、戦闘中心に進んでいきます。新たな敵が地球に接近、次から次へと激戦が続き、危機から逆転とドラマチックな展開が続くアクション娯楽大作です。舛田利雄監督が日本映画黄金期に蓄積したノウハウを全面投入した点でも、画期的な作品となりました。

一方、「君は愛する人のために死ねるか?」と問いかけた自己犠牲のキャッチコピーは、公開直後に激しい議論を呼びました。乗組員の多くが戦死し、巨大な敵と主人公・古代進の乗るヤマトが刺し違えて幕を閉じる――特攻を連想させるそのラストは、戦争体験者がまだ多かった時期、おおいに疑問視されたのです。

本書の主旨ではないので詳細に論じることはしませんが、「子ども向けの消費物」として軽視されてきたアニメが、「社会的に論議を呼ぶほどの影響力を獲得した」――この点が最重要です。登場人物が「記号的なキャラクター」ではなく「生きている人間と等価な存在」として認識され始めたがゆえの議論ということです。

ここで後世に対する影響力という点で注目したいのは、「月刊アニメ専門誌」の誕生です。月刊誌「アニメージュ」(徳間書店)創刊号(7月号、1978年5月26日発売)の表紙は『さらば宇宙戦艦ヤマト』でした。しかも「アニメ出版物と言えば子ども向けに表紙はカラフル」という既成概念を否定し、黒と銀、無彩色中心な上に、黒だけで数色ある特殊インクを使っていました。そこには「別冊テレビランド」と明記されています。「児童向けテレビ番組の総合情報誌」からスピンオフしたものだったのです。

「テレビ児童雑誌」は他に「テレビマガジン」（講談社）、「てれびくん」（小学館）があり、誌面ではアニメ、特撮、人形劇、バラエティなど「子ども向けテレビ番組」が等しく扱われていて、その総体が「テレビまんが」と認知されていました。「アニメージュ」はそこから「アニメに関連した記事」だけを抜き出し、青年向けに〝アニメ〟を誌名に付けたのです。これがキーワード「アニメ」という呼称の認知を決定づけました。

この雑誌では当時の編集者・鈴木《すずき》敏夫《としお》の采配《さいはい》で、やがてはアニメ作家・宮﨑駿の再評価が始まり、漫画『風の谷のナウシカ』が連載されることになります。スタジオジブリの設立につながる歴史的な転換点も、大いなる価値の連鎖の中に位置づけられるのです。

注目の変化、漫画家からアニメクリエイターへ

「アニメージュ」創刊を境に「アニメと特撮の分離」が急激に進み、「テレビまんが」の概念は後退していきます。一例として、アニメの登場人物が特撮のメカに乗りこむ『恐竜探検隊ボーンフリー』（76）のようなハイブリッド作品が、ほとんど作られなくなるのです（日本サンライズ作品の『科学冒険隊タンサー5』（79）が最後です）。

アニメの受容に「作家主義」が始まったことも、特筆すべき変化です。アニメージュ編集部に「アサヒ芸能」出身の鈴木敏夫がいて、ジャーナリズムの視点で「人にフォーカスする

基本姿勢」があったからです。スタッフやキャストに取材をかけ、談話で記事をつくるその傾向は、週刊誌由来だったわけです。

実は直前には「アニメージュ」を冠した単発の画集も出ていました。それは「松本零士の世界」「石森章太郎の世界」（当時の名義）のように漫画家の画集でした。当時は「アニメの作家性は漫画家にある」と、錯覚されていたのかもしれません。ところが月刊専門誌の記事によって、アニメには独自のクリエイションがあり、漫画家とは別に監督やキャラクターデザイナーなど〝アニメ作家〟がいて、そして全体で複雑な共同作業をしていることも明らかになり、社会認識が広まっていきました。

「テレビまんが」の概念には、「漫画キャラクターが（俳優やコメディアンのように）毎週楽しませてくれるテレビ番組」としての「キャラクター主義」の部分があります。初期「アニメージュ」では声優に加え、当時人気だった「美形キャラ」（ロボットアニメの敵役の美男子）にフォーカスしているのも、タレント性が出発点なのでしょう。しかし「作家が主張や美意識をこめて作りあげる《作品》」という扱いに、編集方針が変わっていきました。

読者が「アニメクリエイター」へ向けた関心は、〝人を描く人〟から始まりました。原作漫画の絵柄をベースにして、アニメーター全員で描けるよう再設計するキャラクターデザイナー、作画監督たちが当初のスターだったのです。続いてストーリー、ドラマにインパクトを刻みこむ「脚本家」や「監督」にも注目が集まるようになります。

総じてリテラシーが高まる方向性です。その結果として、読者だった中高生が大学生、社会人に成長し、「職業としてのアニメ」を考え始めたことも見逃せません。その中にはアニメクリエイターを志望し、業界入りする人材も多く含まれていました。これも「子ども向けからの卒業」のムーブメントの一部です。

作品がファンを生み、ファンが成長して作り手に変化し、その新作でまたファンを獲得する。永続的な「新しい生態系」の誕生です。この変化は、出版物や音盤など「残り続けるパッケージ」の作り手にも拡張していきます。

『さらば宇宙戦艦ヤマト』は、当初シリーズを終わらせる映画になる予定でした。しかし、さらなる続編を求める気運も高まり、テレビシリーズ『宇宙戦艦ヤマト２』では今で言うマルチエンディングが提示され、その続編が１９８３年まで継続していきます。

そしてアニメージュ創刊の翌年、１９７９年は、まさに「アニメ作家開花元年」と言うべき年になりました。高畑勲監督の『赤毛のアン』、りんたろう監督の『劇場版　銀河鉄道９９９』、出﨑統監督の『劇場版　エースをねらえ！』、宮﨑駿監督の『ルパン三世　カリオストロの城』など、日本を代表するアニメ監督の画期的なタイトルが密集しているからです。

これは偶然ではなく、熟成の構造が生んだ必然です。それは１９７９年の作品、富野《とみの》由悠《よしゆ》季《き》原作・総監督による『機動戦士ガンダム』に注目することで分かります。小説・漫画の原作がない「完全オリジナル」という点で、さらに一線を画すことになる『ガンダム』の企画は、１９７８年の夏——まさに『さらば宇宙戦艦ヤマト』が大ヒットしている最中に進められたものです。それゆえ「観客の熟成」を前提とした発展的挑戦も多かったはずです。

この企画会議には『ガンダム』の絵柄を決定づけたアニメーター安彦良和《やすひこよしかず》も参加していました。彼は『さらば宇宙戦艦ヤマト』の絵コンテを担当し、キービジュアルの古代進と森雪《もりゆき》のカラーイラストを担当、ラストシーンに至る一連の原画も担当していました。しかし後々、億円単位の大作にミクロのスタッフとして参加するよりも、人情の機微を描くオリジナル作品『ガンダム』の「創作」に関われる喜びを、アニメ雑誌に綴《つづ》っています。つまり「作家性発露の有無」を問題にしているのです。

次章では、その『機動戦士ガンダム』について語ることにしましょう。

第3章 『機動戦士ガンダム』が起こした革新

『機動戦士ガンダム』が「テレビまんが」を決定的に更新した

本章で扱う『機動戦士ガンダム』は、1978年の月刊アニメ専門誌誕生で起きた変化の結晶と言えるテレビアニメ作品です。まさに革新、変革と呼ぶにふさわしく、後世にあたえた影響は絶大です。なおかつ初出から40年以上過ぎても繰り返し鑑賞される「古典」にもなっています。

そのテレビシリーズは1979年4月7日から名古屋テレビをキー局にスタート、ジャンルとしてはロボットアニメで、「リアルロボットアニメ」という進化形のサブジャンルを生みました。制作は虫プロダクションの流れをくむ日本サンライズ（サンライズを経て、現・バンダイナムコフィルムワークス）です。

本章で注目するポイントは「アニメ作家の時代」と「世界観主義の進化」です。さらに、それを可能とした「完全オリジナル作品」の形式が重要だと考えています。小説・漫画などのクリエイターに頼らず、絵柄もアニメーター発となりました。制作会社が主導的にアニメクリエイターを集め、設定・ストーリーなどクリエイション面のすべてをゼロから開発し、原作権を所持する。そのヒットが、大きな進化を呼びます。「アニメ業界発の作家」が大衆に認識されるきっかけを『ガンダム』が作ったのです。

漫画家が描いた原作を、アニメ会社が分業で二次的にアニメ化している――「テレビまんが」の時代は世間からそう思われがちでした。しかしオリジナル作品はアニメ作品こそが一次であり、そこに大きな可能性がある――そう認知される決定版が登場しました（ただし「完全オリジナル作品」は60年代からあります）。

総監督の富野由悠季《とみのよしゆき》は原作を担当し（矢立肇《やたてはじめ》と共同）、背景設定やストーリーに関して「作家」を意識した言動を、立ち上がり初期のアニメマスコミで発信していきます。アニメーションディレクターの安彦良和《やすひこよしかず》やメカニカルデザインの大河原邦男《おおかわらくにお》も「オリジナルイラスト」を提示。そんな「作家性の営み」の積みかさねが、受け手側のリテラシーをさらに高めました。筆者はこのムーブメントが「テレビまんが時代」を終わらせたと考えています。

「送り手」「受け手」の急接近が文化をつくる

「テレビまんが」の終焉《しゅうえん》は、「送り手」「受け手」がともに成長した結果、「作家性」の価値観が台頭したことで起きました。未就学時点でテレビアニメに接し、テレビ文化の成長とシンクロしながら成長した「テレビまんが第一世代」（60年前後生まれ）の青年化は、テレビアニメの本格始動時、20代前半だったクリエイターたち（宮崎駿《みやざきはやお》、富野由悠季は1963年に22歳）が30代後半となり、キャリアのピークへと向かう時期に重なりあいます。

脂の乗った作家たちがアニメブーム到来を見て、新しい観客層を意識し始める。送り手と受け手を結ぶメディアとして創刊して間もないアニメ雑誌が機能し始める。そしてクリエイターたちの生の声を届けることで、読者が啓蒙《けいもう》される。その啓蒙された読者の中から、多くのクリエイター志望者が出る。これは価値のエネルギーが循環する〝回路〟なのです。その拡大がビジネスに結びついていき、音盤やビデオソフトなどパッケージ商品も定常的に発売されるようになります。こうしてテレビアニメは「放送が終わっても消えないもの」に高まり、永続性をそなえ始めます。大衆文化として「飛躍の時期」を迎えたのです。

もともとテレビ放送は「空中拡散されて消えるもの」でした。だからテレビアニメも、ベルトコンベア式の「流れ作業」で処していた。その社会通念が激変します。まず「出版業界」「音楽業界」が「くりかえし再生可能な記録」を届け始めます。80年代に訪れる「ビデオソフトの時代」の前哨戦《ぜんしょうせん》です。「テレビまんが世代」が成人に近づいたのも重要です。アニメの制作現場やメディアの編集部に「自分たちの欲しいものを作りたい」と、ファンからプロを志向する若者が多数出始めるのです。

この時期、エレクトロニクス産業がLSI（大規模集積回路）技術の発展で高付加価値商品を次々にリリースし、消費の流れを変えていた。そんな世相もこのムーブメントの追い風となります。家庭用ビデオデッキ、再生専用音楽プレイヤー（ソニーのウォークマンなど）、家庭用ゲーム機、マイコン……。多くがアニメファンの趣味にリンクし、物欲を刺激しました。こうして「消えずに残るものへの欲求」が高まって、「アニメ文化の永続性」が求められるようになった。その点で60年代、初期の食品など大量消費物と連動したテレビアニメブームとは質が根本から異なっています。

このような諸条件が整ったタイミングで登場した『機動戦士ガンダム』は、「史上初めて（再放送からではなく）オンエア中に中高生以上のファンを熱狂させたオリジナル作品」となったのです。

自由度の高いオリジナル作品

「アニメ業界から発信した一次作品」を意味する「オリジナル」は、日本のアニメ文化を読み解く上で重要なキーワードです。元来、テレビ放送は貴重な電波資源を使い、不特定多数に同時伝達して価値を伝える性格から、公共性が求められます。「原作のアニメ化」の比率が多いのも、他メディアでのヒット実績が「放送の公共性」に適しているからです。さらに単発の劇場映画に比べ、毎週締め切りがあるテレビでは「オリジナルの世界と物語」をゼロから創造し、継続する作業は非常に難しくなります。

それなのに『機動戦士ガンダム』はオリジナル作品として成功できた。その根本には、連綿と作られてきた玩具《がんぐ》販売目的の「ロボットアニメ」による実績があります。

その原点は1972年末のテレビアニメ『マジンガーZ』（永井《なが い》豪《ごう》原作、東映動画制作）です。ただしスタート時点では、玩具販売が主目的の作品ではありませんでした。しかし1973年にポピー（バンダイの系列会社）が60センチ大のポリプロピレン製玩具「ジャンボマシンダー」を発売、続けて1974年には手のひらサイズのダイカスト合金製玩具「超合金」を発売し、ともに大ヒットして「単価数千円規模の玩具ビジネス」が確立します。

この単価の高さゆえ他メーカーも続々と参入し、「合金玩具セールスを主目的とするロボットアニメ」が量産され、ジャンル化したのです。高額商品だから、ロボット玩具さえ売れれば放送枠を支えられる。30分まるごとがコマーシャルと考えられた結果、「内容はある程度自由」とされ、権利分配のシンプルな「オリジナル作品」が増えたのでした。

実は『マジンガーZ』は、「変身ヒーロー」のバリエーションにも位置づけられます。放送開始した1972年は「ウルトラマンシリーズ」や「仮面ライダーシリーズ」など特撮ヒーロー中心の「変身ブーム」の真っ最中でした。主人公が特殊小型機で巨大ロボットにドッキングする一体感は、それに由来します。「毎週送りこまれる怪獣ロボットを正義ロボットが必殺技で撃破するフォーマット」も共通しています。特撮とアニメとを「テレビまんが」の枠組みで考えることで浮かぶ事実です。

発展が始まったロボットアニメの中でも、1975年の『勇者ライディーン』は、「オリジナルロボットアニメ」の可能性を拡大した点で注目に値します。富野由悠季がチーフディレクター（後半の総監督は長浜忠夫《ながはまただお》）、キャラクターデザインが安彦良和、制作はサンライズの前身にあたる有限会社サンライズスタジオ（当時は東北新社の傘下）と、『ガンダム』への流れを生んだルーツです。60年代アニメのスポンサーには食品・製薬メーカーが多く、商材も菓子や薬品など嗜好品《しこうひん》や生活必需品で、パッケージにアニメキャラを使う「二次商品」でした。

70年代の合金玩具は「ロボットそのものが商品」なので「一次商品」に近づいています。実用性がなく高額という点では、一億総中流が実現してインフラも整備され、生活に余裕ができた時代ゆえに成立した商材です。このような消費動向の変化が、１９８３年末にバンダイが始めたＯＶＡ（オリジナル・ビデオ・アニメ）——「アニメそれ自身を一次商品として販売する」につながる流れを生む。その源流にも相当します。

ただし業界内外からロボットアニメは「商売優先」「俗悪」であるとされ、「名作もの」「スポーツもの」などに比較して低く見られていました。一方、玩具スポンサーの台頭は結果的に、中世の「パトロンが芸術家を支援する」に似た構造を形成していきます。これが「自由度のあるオリジナル作品づくり」を促進し、文化の流れを変えた点は見逃せません。『機動戦士ガンダム』を契機に「アニメ作家」に注目が集まり始めた。その結果、宮﨑駿、押井守《おしいまもる》、庵野秀明《あんのひであき》、新海誠《しんかいまこと》らも世に出られたのですから。

サンライズが高めたロボットアニメの質

とは言え、『ガンダム』放送時、ロボットアニメは最初のブームの盛りを過ぎていました。そのピークは1976年ごろです。このころ小学生の興味は急速にフェラーリなどの実在車を追う「スーパーカー」へと移り、以後は業界最大手の東映動画がロボットアニメから撤退し、玩具メーカーが倒産するなど退潮に向かいます。

その逆風の中でも日本サンライズはロボットアニメを作り続け、アニメファンの間では「質の高いオリジナルアニメの会社」として認知が高まっていました。その出発点は（ロボットが主役ではない）オリジナル作品『0《ゼロ》テスター』（73）で、SF戦闘機や秘密基地など玩具販売が主目的でした。そして『勇者ライディーン』をヒットさせた後に、東映本社からの受注で『超電磁ロボ コン・バトラーV』（76）、『超電磁マシーン ボルテスV《ファイブ》』（77）、『闘将ダイモス』（78）と、長浜忠夫総監督によるドラマチックなロボットアニメが続きます。

大河ドラマ形式の野球アニメ『巨人の星』で大成功した実績のある長浜監督は、「美形キャラ」と呼ばれるクールで二枚目の敵役を対立構造の主軸に置き、ドラマ性を高めた上で情熱的に演出し、ティーン層の女性ファンから熱狂的な支持を受けました。各作品に演出として参加した富野由悠季も、そこからライバルの重要性を学んでいます。

1976年には日本サンライズとして東北新社から独立し、その第1作目『無敵超人ザンボット3』(77)は他社からの発注ではなく、自社に権利のあるオリジナル作品となりました。富野由悠季原作（鈴木《すずき》良武《よしたけ》と共同）・総監督、キャラクターデザイン安彦良和という布陣でスタート。全23話と短いシリーズながら物語の連続性を重視し、ハードかつリアリティあふれる展開で大きな話題を呼びました。いよいよ『ガンダム』につながる動きが本格化したのです。

ことに「現実味のある描写」は後世への影響も大きいです。戦闘が拡大すると街から焼け出された人びとが難民化し、海辺で巨大なロボットが戦うと高波が発生し、民衆を押し流して災害化する。ロボットアニメでは無視されがちだったリアリズムに基づくもので、衝撃的でした。中盤以後は敵ガイゾックが難民を拉致《らち》して人間爆弾に改造、大量爆死させるテロリズムさえ描かれ、「児童向け」の枠組みを超えた現実の非情さを突きつけます。

しかしそれには、高い理想もセットになっていました。人が人を信じぬき成長する意味を浮き彫りにする真摯《しんし》な姿勢と、最後に情感豊かなロマンを描くためだったのです。ちょうど劇場版『宇宙戦艦ヤマト』ヒット直後の放映ですから、「アニメの可能性」に注目し始めた青年ファンたちは『ザンボット3』に反応します。そして富野監督たちも「今ならここまでやっても受け止めるファンがいる」と、確実な手ごたえを得ました。

玩具のセールス面でも、好調でした。主役ロボット・ザンボット3を構成する3機のメカのうち、1機が小型ロボット・ザンボエースに変形する高いプレイバリューの玩具も新鮮味があった。さまざまな点で「ガンダムへの道」を切り拓《ひら》いた大きな存在なのです。

メカとキャラ、希代のリアリティを内包した描写

続く1978年、富野由悠季監督は無国籍スパイアクション風の『無敵鋼人ダイターン3』を手がけます。これは1話完結型、各話で趣向をこらすユーモア志向の作風で、3段変形の玩具のセールスも好調となりました。この年の夏の終わりごろ、『さらば宇宙戦艦ヤマト』公開と近い時期に、次の第3作目の企画会議がクリエイターを集めたブレインストーミング式で進められていきます。そのある日、富野由悠季は、壮大な世界と物語を記した分厚い「設定書」をいきなり提示したと言います。

合議制ではなかなかオリジナルの「核」が決まらなかったため、ついに勝負に出たのです。そのドキュメントの冒頭には「作品テーマ　自由と義務」「演出テーマ　少年から青春を見上げる」「映像　修羅の連続」と、苛烈《かれつ》な言葉が並んでいました。同時に「敵を宇宙人にすること」を否定し、人類同士による「戦争」と「青春群像劇」が強調されました。完成品との異同は多くありますが、これが「原作」に相当する書類です。

こうして誕生した『機動戦士ガンダム』は、〝巨大ロボット〟を〝モビルスーツ〟という

造語で読み替え、「兵器」と再定義しました。地球連邦に属していた宇宙植民地のひとつ、サイド3がジオン公国を名乗り、独立戦争を挑む――叙事詩的な物語構造の中で、モビルスーツ〝ザク〟を怪獣メカではなく、量産兵器と位置づけたのです。

メインストーリーは、人間寄りの視点から描かれます。地球連邦軍の強襲揚陸艦ホワイトベースが、宇宙植民地サイド7でテスト中だった新型モビルスーツ〝ガンダム〟を受領するために寄港した日、偵察に潜入していた〝ザク〟が襲撃を仕掛ける。主人公アムロ・レイは民間人の少年ですが、ガンダムに乗りこんで戦うことになる。こうしてアムロを含む難民たちを乗せたホワイトベースは敵の追撃を回避しつつ、宇宙から地球へ向かい、各地を放浪することになった。これが初期のストーリー展開です。

頼りになる大人の大半はすでに戦死し、10代後半、素人で未熟な少年少女たちを中心として軍艦と新兵器を運用せざるを得ない。迫る死と隣り合わせの緊張感の中、若者たちがホンネをぶつけ合っていがみあいながらも、どこかで折り合いをつけて生きのびる手段を見つける。しかし旅は先が見えない……そんなドラマ重視の展開で、「怪獣ロボットをヒーロー口ボットが毎週必殺技で倒す」の繰り返しとは文芸性が格段に違っていました。

企画初期には脚本家の星山博之《ほしやまひろゆき》によってジュブナイルの古典「十五少年漂流記」（ジュール・ヴェルヌ作）も参照されています。少年期の終わりに体験する軋轢《あつれき》や苦難は、社会に出て他人と共同で仕事をすれば、誰もが経験する類《たぐい》のもの。ゆえに『ガンダム』の登場人物の設定は「身近にいそうな普通の人」ばかりとなりました。日常リアリティ重視の姿勢では、高畑勲《たかはたいさお》・宮崎駿コンビによる名作アニメ『アルプスの少女ハイジ』（74）と『母をたずねて三千里』（76）に通じる姿勢もあります（富野由悠季は両作に絵コンテで参加しています）。

ロボットアニメでは、「熱血漢、クール、三枚目、子ども、ヒロイン」に「マスコットキャラ、博士」を加えるキャラクター布陣の定型がありました。『ガンダム』ではキャラクター数を飛躍的に多くして、多様性をもたせた群像劇にしてあります。中でも「観客の入り口」となる主人公アムロ・レイの人物造形は、画期的なものでした。それまでの「直情径行、熱血」のアクティブな主人公像とは正反対、コミュニケーションが苦手で、人と接するより電子機器をあつかう趣味優先……。後に「オタク」と呼ばれる存在に近いのです。マイコン作りに没頭して避難警報にも耳を貸さず、人を上目づかいで見つめがちなアムロは、内向的だったアニメファンのメンタリティとも共鳴するものがありました。

しかもアムロは、情況次第で感情を乱高下させます。軍服へ着替えを指示されたアムロは、襟を正さない態度で指揮官ブライトをにらみつけて無言の反抗を見せる。追い詰められた環境下で激情を爆発させたこともあり、ティーン特有の不安定さが「大人への入り口」として描かれます。こうした類型を排除した複雑な性格描写が登場人物の数だけ用意され、それぞれ新鮮な共感を呼ぶ。それも『ガンダム』の魅力なのです。

アニメーター発の絵柄「安彦良和キャラ」

人物描写を作画面で支えた安彦良和の役割も、格別なものがあります。「オリジナル作品」を「具体的な絵の動きとして魅せる」キャラクターデザイン、アニメーションディレクターを一貫して担当し、視線や仕草、一瞬の表情変化など画面の隅々まで生き生きと描いたのです。自然な感情が鮮明に伝わってくる点で、表現力を格段に高めました。当時の作品に向けた情熱は、２００１年から自身でコミカライズした『機動戦士ガンダム　THE　ORIGIN』にも反映しています。

それゆえ、安彦良和も「アニメーター発のオリジナルな絵柄」で時代を変え、影響力を後世にあたえた重要なクリエイターに位置づけられます。アニメの描きおろしイラストが絵本などセル画のベタ塗り中心だった時代に、輪郭線のない不透明水彩のカラーイラストを発表して、立体的な現実味をガンダムの人物にあたえました。その活躍は、「アニメーター」を目指す後進の若者たちに大きな刺激を与え、彼らの指針になっていきます。

安彦キャラは「最先端の絵柄」により、すでに『勇者ライディーン』の時点で女性ファンたち（著名漫画家含む）に衝撃をあたえていました。躍動的な描線、美麗なプロポーション、端整でチャーミングな安彦キャラの容姿には、人気タレント並みの求心力があるのです。

「メカ作画監督」という役職がまだない時代、「主役ロボのガンダム」も安彦良和が作画用設定と作画を担当しています。こうして『ガンダム』では、〝モビルスーツ〟に「甲冑《かっちゅう》をまとった人のような一体感」が生まれました。

これも富野監督の「世界と人を描く方向性」に安彦良和が強く魅了され、同調した結果と言えます。定型否定、予定調和否定を積み重ね、誰も知らない「新しい世界」を驚きとともに提示する。この挑戦の姿勢が『ガンダム』全体に貫かれた結果、時代を刷新したのです。

安彦キャラは全員がユニークな容姿で、多様性を打ち出しています。ホワイトベースの少年少女、軍人、一般人、大人から老人まで、敵味方、有名無名を問わず、キャラクター描写に厚みがあるのです。画面にパッと出た瞬間、「この人は何者なのか」とバックボーンを想像させられる。その点で、実写映画の「性格俳優」に相当します。「たたき上げの職業軍人」「20年ぐらい飲食店をやっていて腰が低い」「富裕層で他者をどこかで見くだして上から目線だ」「生活を切り詰めてまで家族に尽くす」など、「過去の経緯」「事態への対処能力」「人生観」などが絵から伝わってくる。この「人間くささ」が富野監督の演出とあいまって、映像に気品と風格をもたらすことになりました。

安彦良和が名乗った「アニメーションディレクター」は、「絵づくりで全方位的に責任をもつ役職」ですが、実は人によってアプローチが異なり、明確な定義がありません。『ガンダム』の場合は、作画監督としてアニメーターの原画に修正を入れて統一を図った上で、いくつかのエピソードで全カットの画面構成（レイアウト）を決め、演技づけのプランも定める役割でした（後の『劇場版』の新作カットは全部この画面構成先行の手法をとっています）。富野監督の決めた世界と物語、それと拮抗《きっこう》しながら真摯に演技するキャラクター、さらにはカット単位でどう見えるか決める「画《え》づくり」。これらが緊密に絡みあうことで、ガンダムは特別な作品となったのです。

それは「映画的表現」をめざすことでもあり、同時にアニメーション表現だけが到達できる新たな地平だったと位置づけられます。この時点で「フルアニメーション」「リミテッド・アニメーション」の対立軸に、大きな意味が無くなったとも考えられます。

『ガンダム』を経た80年代は「世界観主義」が台頭する

この種の「観客が埋没できる時空間の醸成」という方向性は、「世界観主義」に直結するものです。それは「映画世界への没入を誘う」という「映画志向」と緊密に連携し、日本製アニメの方向性に大きな影響をおよぼしました。

富野監督と日本サンライズは、『伝説巨神イデオン』（80）、『戦闘メカ ザブングル』（82）、

『聖戦士ダンバイン』(83)と「世界観設定とロボット描写をリアリズム寄りで考える」作品群を連発します。そして他のクリエイター、他社からも類似の作品が登場した結果、サブジャンル「リアルロボットアニメ」を形成するに至ります。

こうした推移の中で、「世界観」は「作品世界を構築する特殊設定」を意味するように変わっていきます。本来は「キリストの世界観」のように、宗教家、思想家が世界の成り立ちをどう把握するかという、フィロソフィー的な言葉が「世界観」なのですが、それが「SF、ファンタジーで異世界をゼロから構築する作法」になった。現在では「私、この歌の世界観が好き」のように、「インプレッション」の代替としても使われています。定義がだいぶ拡張して曖昧《あいまい》になり、本質が揺らいでいる懸念もあります。

この傾向は、80年代中盤に拡大したゲーム分野でエスカレートします。コンシューマーゲーム機で「世界設定と物語を強化したRPG(ロール・プレイング・ゲーム)」が『ドラゴンクエスト』の大ヒットでブームとなったのが一因です。結果的に「世界観」はクリエイションの土台を指す設定メインの用語に変化しましたが、『ガンダム』はこの潮流を決定づけた先駆けなのです。

『機動戦士ガンダム』の「世界観重視」の姿勢は、本編トップカットからも如実に伝わってきます。

「人類が、増えすぎた人口を宇宙に移民させるようになって、すでに半世紀が過ぎていた。地球のまわりの巨大な人工の都市は、人類の第二の故郷となり、人々はそこで子を産み、育て、そして死んでいった……」

実にドライなナレーションです。言葉選びも、「歴史」や「政治」を意識しつつ「これから映像で写る画面外にも世界があるぞ」と宣言する巨視的な意識が反映されています。複雑な世界をギュッと圧縮し、視聴者に読解を要求する「作り手の意図」が緊張感を醸しだし、想像力を触発する。「何かこれまでとは違うぞ」と、受け手に身構えさせます。

宇宙移民者は資源採掘など重労働を担務し、エリート主義に陥った地球連邦政府から搾取されてきた。官僚化で肥大した政府は腐敗し、環境汚染を招いて植民地との間に軋轢が増す。だから「独立戦争」への機運が高まった。これは太平洋戦争前後の歴史に似ています。過去にあった「世界観」が、未来へ投影されているのです。だからこそ現実味がありますし、受け手の教養が問われる側面もある。高いレベルの読解を楽しむことも可能ですし、戦争が起きるたび「人類のダークサイドは変わらない」と思い知らせてくれます。

このころこうした「世界観主義」は、世界同時多発的に起きています。１９７７年の米国映画『スター・ウォーズ』のヒットで、ＳＦ的発想により「映画内の異世界すべてをビジュアルで構築する方法論」の価値が高まった時期と合致するのです。

ロボットアニメ史の転換点

『ガンダム』の「リアリズム」をもう少し検証しましょう。そもそも巨大な人型ロボットは、登場するだけでリアリティを損ねかねない存在です。だからこそ子ども向けの「ヒーロー」としての特権性をあたえられてきたわけです。ガンダムはそれを改めて「工場で生産される製品（兵器）」と位置づけ直しました。

富野監督の世界観構築は論理的で、現実味重視です。富野監督は「戦争を描く」が動機や主目的ではなかったとさえ語っています。巨大な人型兵器を開発するには巨費が必要だ。だとすると、人型兵器を登場させられる理由は、戦争の道具しかない。だから戦争を描くことになり、現実的に考えればそうなるのは必然だと言うのです。

〝モビルスーツ〟という呼称は、SF小説の古典「宇宙の戦士」（R・A・ハインライン作）に登場する2メートルサイズの装甲強化服〝パワードスーツ〟がヒントになっています。強化外骨格とも呼ばれる歩兵用装備で、重装甲で防御力を高め、人体パワーを増幅するコンセプトです。とは言え、ガンダムはマジンガーZと同様18メートル（成人男性の約10倍）に設定されました。「巨大ロボット」のカテゴリーでないと、玩具ビジネスが成立しないからです。その結果、玩具としての価値（プレイバリュー）の変形・合体機構も重視されました。

戦闘機コア・ファイターの主翼を折りたたみ、上半身（Aパーツ）と下半身（Bパーツ）と合体してパイロットがそのままガンダムを操縦、他の機体とも換装できる機構を用意しました。そこには兵器的な根拠はありません。

そんなオモチャ感覚のメカなのに、なぜか「リアリティ（リアルな感覚）」が感じられる。そこにも「世界観」が作用しています。たとえば「両眼に相当するパーツ」があるのは主役メカのガンダムに限られている。味方側のガンキャノンはゴーグル、ガンタンクはキャノピー状のヘッドで、ガンダムの生産タイプ・GM（ジム）もその流れをくんでいます。敵側に至ってはすべてモノアイで統一されています。両眼があって「V字型アンテナ」の装飾がついたガンダムが登場すると、頂点に立つ主役だと一瞬で識別できる。こうした視覚的な配慮もまた、「観客が作品世界をどう把握するか」を重視している点で、「世界観主義」を支える一部なのです。

こうしてヒーローロボットとリアルロボット、双方の要素をそなえたガンダムは、虚実をブリッジする境界的な存在となって、破格の価値を獲得することになりました。

これらを「メカニカルデザイン」のクレジットで担当したのが、大河原邦男です。竜の子プロダクション出身で、美術部に配属された直後、『科学忍者隊ガッチャマン』（72）で上司の中村光毅《なかむらみつき》（『ガンダム』の美術設定）に命じられ、日本初の専業メカニックデザイナーとなった人物です。70年代中盤のタツノコ退社後はフリーランスとして数多くのロボットデザインを手がけ、アニメ作画に適したシンプルな形状と、商品としての立体感・存在感を巧みに結びつけるノウハウを確立。これが放送後のプラモデル展開時、敵側ふくめての商品化が進んだときに大きなメリットをもたらしました。富野監督によるラフスケッチに基づくメカも多いのですが、三次元的な魅力を成立させたのは大河原デザインの功績です。

ガンダムで提示された多様な「世界観主義」

「世界観」は「AをBのように解釈する」という「見立てのプロセス」を含んでいます。デザインされた形状を、戦闘シーンでどう運用するのか。『ガンダム』は演出レベルでも世界観を重視することで、リアリティを高めています。ことに主役ガンダムには兵器・戦士・主役と、全方位的な「見立て」が集約されています。だから四十数年経過したいまでも現役を継続する、別格な価値を放っているのです。

たとえばガンダムの頭部バルカン砲には、レシプロ戦闘機のイメージが投影されています。二足歩行機能を備えているため、運用面は戦車に近いものがあります（劇中でも「陸戦兵器」と明言）。それでいてヒーロー的な必殺武器もそなえている。背中には高熱で敵を切り裂くビーム・サーベルを2本装備して近接戦闘に対応。遠距離用にはビーム・ライフル、ハイパー・バズーカなど射撃武器を使い分け、機動隊の盾のようなシールドも装備しています。この装備の多面性で、剣豪の特殊な剣術（二刀流やツバメ返しなど）や、孤独に狙いをつけるガンマンなど、娯楽映画で培われてきたイメージの「見立て」も可能となり、兵器としての無機質さにヒーロー性が加算されたわけです。

弾薬やエネルギーが尽きて使用不能になったり、破損箇所を予備パーツで修復し、ホワイトベース全体の備蓄が乏しく補給の緊急性が生じたりするなど「不便な描写」は画期的でした。戦局に応じた「運用思想」と「ロジスティクス（兵站《へいたん》）」の概念が描かれ、リアリティを高めているのです。個々の細部がリアルかどうかより、トータルで「作者が作品世界をどう観ているか」の点で「世界観」が宿り、そこに「見立て」を発見した視聴者は作品世界から目が離せなくなる。リアリズム的な発想が貫かれた「世界観主義」だからこそ、過去に無いヒットをした上に、長期人気が持続したのです。

富野由悠季は、参考にした書籍のひとつに軍事学者クラウゼヴィッツの「戦争論」を挙げています。さらに戦前に書かれた石原莞爾《いしはらかんじ》の「最終戦争論」を読むと、ガンダムの描写や事件に近い発想が多数書かれていて驚かされます。この種の「戦争の教養」がバックにあって、軍事的リテラシーに基づく分厚いリアリズムで作品世界が固められている。これもひとつの「世界観」です。それによって「オモチャ」のはずのガンダムが、「信じられるもの」に高まった。筆者はそう考えています。

この「ひとつのウソを信じてもらうため、残りすべては〝本当らしいこと〟で固めていく手法」は、やがて「ロボットアニメ」の範疇《はんちゅう》を超えて日本のサブカルチャー全体に浸透します。日本製アニメの「世界観主義」がステップアップした結果でした。

ただし後に台頭する「個人の願望が世界全体を改変してしまう作品群」（通称「セカイ系」）や「秘めた願望や実力が叶《かな》えられる都合のいい世界に生まれ変わる」（通称「異世界転生もの」「なろう系」）とは、決定的な違いもある。それは「個人」と「世界」の間に集団が構築した「社会」が介在して軋轢を生むことです。それを築きあげてきた歴史の存在感と、その中に個人がどう居場所を見つけるのか。こうした探究心も『ガンダム』は触発してくれます。「現実の縮図」としてのリアリティを獲得する手段として「世界観構築」が意識された。世界観それ自体を目的にしたわけではなかったのです。

プラモデルが果たした世界観主義の深化

「玩具販売の世界観」を「リアル志向の世界観」に読み替え、再構築する。この「ルールの更新」によって「世界観主義」の一般大衆化への道筋がつきました。その流れを加速する大きな役割を果たした商材が、「プラモデル」でした。放送終了後の１９８０年7月――本放送時に合金玩具中心でスポンサーだったクローバーではなく、バンダイから改めて「ガンダムプラモデル（通称ガンプラ）」が発売されたのです。

このとき「144分の1」とスケールモデルの概念を採り入れたこともまたリアリティ強化に貢献し、今度は「ユーザーによる参加型世界観拡張」が始まりました。すでに第二次世界大戦の兵器の知識や戦記ものに通暁していたミリタリー系のファンは、『ガンダム』から「リアリティを見立てるサイン」を秘密の暗号を解読するように採取しました。映像や描きおろしイラストを手がかりに、モビルスーツを戦闘機または戦車と解釈し、結果を改造やリアルな塗装に反映させたプラモデル作例を雑誌に発表し始めたのです。

『ガンダム』は冒頭で「人類の半数が死ぬ」といった壮大な世界観を示した後、ミクロな登場人物の視点へカメラを移していきます。ですから逆に「カメラの向いていない場所（世界の随所）でも、さまざまな戦いがあった」と解釈できる「余白」があったのです。その想像力を戦場ジオラマに投影し、具体化が始まりました。この「ユーザー参加」も「世界観主義の効能」です。

これは『機動戦士ガンダム』が70年代と80年代の狭間《はざま》に放送されたことと、決して無関係ではありません。その時期に、若者カルチャーのイノベーションが連鎖反応的にいくつも起きているからです。シンセサイザーによる電子音楽（YMOなど）、インベーダーゲームに代表されるアーケードゲーム、そして携帯用音楽プレイヤー〝ウォークマン〟などが代表例です。ガンダムブームも、新時代の象徴のひとつだったのです。

これらに「電子機器によるイノベーション」が共通する点も見逃せません。主人公アムロ・レイはマイコン好きの少年で、家庭用コンピュータ（ファミコン、パソコン）の時代を先取りしています。70年代末までの電子機器は、「巨費と膨大な人員をかけて開発するもの」でしたから、〝役に立つもの〟でないと許されない束縛と抑圧がありました。〝ウォークマン〟のリリースに際しても、「録音できない機械は役に立たない」という点で、ソニー社内で猛反対があったとされています。こうした旧世代のルールに限界が生じた時期、〝新しい時代の空気〟をアニメファンも敏感に察知し、即応し始めたということです。「前例のないアニメ」としての『ガンダム』には参加する価値が確実にありました。

ユーザー、出版社との共犯関係、メディアの役割

『機動戦士ガンダム』は「本放送時不人気だった」と書かれがちですが、これは明白な誤りです。

名古屋地区の視聴率と合金玩具セールスで苦戦し、第3クール目からパワーアップメカが登場して、怪獣に近い敵側モビルスーツ、あるいは巨大なモビルアーマーが毎週のように襲

ってくる変化があった。それは事実です。児童向けへの転換が中盤に存在し、作り手自身も「打ち切り」と表現することが多いので、当時不人気の印象が強まっています。

しかし最終回では主人公アムロがガンダムを捨て、大事な仲間との絆《きずな》を再確認し、物語はキレイに完結しています。決して「尻切《しりき》れ」ではないのです。また「放送中は不人気」と言われると、これも正確ではない。今の言い方なら「ポストヤマト」と中高生には受け止められ、出版物やレコードのセールスは非常に好調でした。だからこそ関係者は「ターゲットを再定義さえすれば、ガンダムはリベンジできる」と判断したのです。

たとえば放送中の「アニメージュ」１９７９年11月号では、24ページにわたる「安彦良和特集」が組まれています。１９８０年１月号（前年12月10日発売）では、日本サンライズの自社制作・直販の高額な資料本「機動戦士ガンダム記録全集」第１巻の広告も掲載されていて、高額商品のレコードも１９７９年11月のセカンドアルバム発売から売り上げが急増します。１９８１年の劇場映画化への気運と裏づけも、放送中から出ていたのです。

この「リアルタイムの反応」が『ヤマト』と『ガンダム』の決定的な差違で、多くはアニメ専門メディアの誕生に起因しています。創刊間もない「アニメージュ」や「アニメック」が送り手と受け手をつないで距離を縮めたからこそ、即応性が可能となったのです。児童テレビ雑誌のように「メカやキャラが活躍するテレビ番組」ではなく「クリエイター（作家）

の作品」として扱い、読者といっしょに「ガンダムの新しさ」を率先して考えようとする編集サイドの姿勢――その影響が大きいのです。

リアルタイムで富野監督インタビューが頻繁に行われた結果、放送中から「作家の存在」への注目が強まります。『ヤマト』のときのように、ファンが制作現場を訪問しなくても「作り手の言葉」がダイレクトに届き、設定資料などの情報がコンスタントに供給されるようになった。ファンの受けとる情報の質と量のベースが、大きく変わっています。

「物語を考えた人がいる」「描いた人がいる」と、それまで裏方として存在感を消していた人びとに作家としての光が当たるようになった。結果、ファンの側も考え方を変えました。ことに富野由悠季監督の言葉には「ここまで考えて作りこんでいるのか」という得心と驚きがあり、読者をいたく触発して「ファン側からの積極的読解」を深める触媒になりました。

こうして「自分もアニメの新天地に飛びこみたい」と意欲を高める若者が、大勢登場するようになっていきます。一部はアニメ業界に参加して、クリエイターを目指す。一部は出版社やレコード会社とともに「ファンが望む商品」を自らつくるようになります（放送当時の筆者もその一員です）。

普及拡大期にあった家庭用ビデオデッキも、連続再生、反復視聴の点で伏線や細部の確認・検証を可能にして、新たな楽しみ方「読解」を拡散する媒体となりました。さらにビデオ録画テープは、親しい仲間に「映像そのもの」を見せて「布教」の役割も果たすようになります。すべて以前の時代にはなかった「追い風」です。

これらが1983年末に「販売用ビデオソフト（OVA）の時代」が来て、「アニメ作品それ自体が一次商品になること」に発展する下地を形成したのです。『ガンダム』を境界として、日本製アニメはキャラクターや二次商品ではなく「作品それ自体を売る」方向に決定づけられたのです。しかも『ガンダム』は、キャラクター、ストーリーと「完全オリジナルアニメ」ゆえ、拡大のシンボルとなったのです。

サラリーマンのコミュニケーションツールになれる普遍性

テレビシリーズ『機動戦士ガンダム』は、1980年1月26日に最終回・第43話「脱出」が放送されて幕を閉じました。その直後から、フィルムの再編集をベースにして大量の新作カットを加え、見せ場を統合して順序を入れ替えるなど、徹底的にブラッシュアップした全三部作の「劇場版」が準備段階に入ります。

これ以前は『宇宙戦艦ヤマト』をふくめて「再編集映画」は1本でまとめるものでした。しかも興行上の都合で、実写映画の著名監督の名前が添えられている。『ガンダム』はアニメ現場のスタッフが再構成を手がけ、テレビの内容を三部作の長尺で精度高く再現し、大衆的な劇場に持ちこんだ点で画期的だったのです。1981年3月14日に劇場版『機動戦士ガンダム』、同年7月11日に『機動戦士ガンダムⅡ 哀・戦士編』、翌年3月13日に『機動戦士ガンダムⅢ めぐりあい宇宙《そら》編』と、各々2時間を超える三部作はテレビの再確認に加え、設定や描写の一部を深めた「増補改訂版」となった。これにもメリットがありました。

その補強は、テレビと劇場版の間に発売されたプラモデル販売にも大きく寄与します。ティーン層から始まった購買層は劇場公開時、小学生低学年まで拡がっていました。映画は放送と違って地域差が少なく、テレビより広い層が鑑賞できるからです。映画化に至り、作品と商品が良い関係性を獲得できるに至りました。こうして「ガンプラブーム」は、新聞にも取りあげられる社会現象にまで高まりました。

『機動戦士ガンダム』のブームが一過性で終わらず、放送から40年以上となった今でも「ファーストガンダム」と呼ばれて親しまれているのは、なぜでしょうか。その最大の要因は「物語のスタンダード」として評価され、受容が時代を超えて定着したからです。

最初の観客たちが中年を越え、やがて親の世代を越え、今なお誕生し続ける孫の世代とともに『ガンダム』を楽しもうとしている。現実世界でも、18メートル、実寸大のガンダム立像がお台場《だいば》、静岡、福岡、横浜などにも建設されました（一部は可動）。さらに、海外（上海《シャンハイ》）にも建設されるようになり、すでに国際的な公共物になっています。

１９８５年の続編『機動戦士Ｚガンダム』以後、ガンダムシリーズが多様な展開をしたことも要因ですが、ファーストガンダムだけは常に別格であり続けました。それは作品に「全世代向けの普遍性」が内在していたからでしょう。かつての視聴者も実社会でさまざまな体験を得て成長する。そうすると物語の深層に描かれていた「大人からのメッセージ」に気づくようになる。「実年齢の成長に応じて作品が違う魅力を放つこと」もまた、新しい楽しみ方です。『ガンダム』の「世界観主義」が「歴史」を内包していた効能です。

昭和の高度成長期、サラリーマンたちは上司や同僚を、戦国時代、明治維新、日露戦争、太平洋戦争など歴史上の傑物にたとえて会話していました。司馬遼太郎《しばりょうたろう》などの歴史小説、ＮＨＫ大河ドラマなどが共通のソースです。そして「この人物をどう評するか」と会話することで、「信長《のぶなが》・秀吉《ひでよし》・家康《いえやす》」のどのタイプか判断し、ともに仕事ができる人物なのか、人生観や価値観を探り合う。そんなコミュニケーションツールだったのです。

いまではガンダムシリーズが、その役割を代替するようになり始めています。「ガンダムの世界観」が「人生観」を含んでいるからです。ことに別格の人気を誇る〝赤い彗星《すいせい》のシャア〟の言動は、ビジネス書に応用されるほどの深味があると、そんな共通認識さえ生まれています。長期人気の秘密は、やはり「人が世の成り立ちをどう見ているのか」の意味における（設定主義ではなく本来の）「世界観主義」にあるのではないでしょうか。

作品が終わっても続く「年表」という発明

ガンダムシリーズの永続的な価値には、フィクション内の歴史をまとめた「宇宙世紀年表」が大きな役目を果たしています。「壮大な時空間の一部を切りとる姿勢」が「外に世界が拡がっている意識」を広め、入門者のガイドとなっているのです。

これも「世界観重視」の一環に位置づけられます。共感のもてる登場人物、未来社会に投影される植民地独立戦争など、歴史的な普遍性がある一方、現実世界の国際社会とは巧みに分離されていて、「架空歴史の中で遊べる」という点で、重要でした。

その「架空の歴史」は「宇宙世紀（Universal Century＝UCと略）」と呼ばれています。数十億人が宇宙移民者として暮らす未来、新たな開拓を記念して「西暦」をリセットし、「宇宙世紀」と改元した。それが西暦何年に相当するのかは曖昧にしてあるのです。

さらに「物語内現在」は改元から80年弱が過ぎた時点に置かれ、ガンダム起動時点は「戦争が膠着《こうちゃく》状態に陥って8ヶ月あまり」と細かく刻んで言及されています。大・中・小と「時制の配置」を多重に定めている。こうした慎重な工夫の結果、「架空歴史の一部」としての雰囲気と没入感が一段と高まり、年表にも相応のニーズが生まれました。

宇宙植民地サイド3のジオン公国独立戦争は、後に「一年戦争」と呼ばれるようになります。「物語内現在」の終了とともに、それもまた「歴史の１ページ」に組みこまれる。やがて「宇宙世紀シリーズ」と呼ばれる一群が、「歴史年表のどこかに位置する物語」として展開され、増殖して壮大な「年代記（クロニクル）」を形成していきます。

世界観重視の点では同じだった『宇宙戦艦ヤマト』では、星雲間を越える巨視的な「空間」、人類絶滅まであと1年の「時間」が意識されました。「世界は時間と空間で構成されている」と、抽象度の高かったアニメで明確化、具体化した点で、画期的でした。しかしそれは、あくまでも「物語内に閉じた時空間」に留《とど》まりました。『機動戦士ガンダム』の場合、より広く伸張できる「巨視的時空間」を提示した。その世界をファンや雑誌が年表化し、共有して参加しやすく育てた。この共犯関係こそが、アニメを進歩させた原動力なのです。

ＳＦでは「時空連続体」という用語をよく使います。それは「空間」と「時間」を兼ねそなえたものこそが「世界の正体」だからです。「異世界まるごと」を構築するのは至難の業《わざ》ですが、それを乗りこえて世界が誕生したとき、神の創造にも似た大きな喜びが生まれる。ガンダムは「アニメの世界観主義のあり方」を更新した作品なのです。

世界観は永続的に物語を発生させる

とは言うものの、この「世界観主義の更新」はオリジナルクリエイターのコントロールを離れて起きた「事件」でもある。放送終了後に「ガンダム世界」をより立体的に把握して読解したいというファンニーズに応《こた》え、集合知的に発展したものだからです。

さまざまな雑誌やムック類が、ファンからライター、編集者になった人びとを軸にして、本編内で点描的に出てくる「ルウム戦役」「南極条約」などのキーワードを掘り下げました。モビルスーツ開発の技術的な流れを追い、「コロニー落とし」を起点として展開する両軍の作戦行動などを徹底的に体系化し、解説で拡散したのです。その共有は、プラモデル商材と寄り添いながら立体物で更新される。現在の「UGC（ユーザー・ジェネレーテッド・コンテンツ）」のように成長していきました。

プラモデルには、塗装や改造で「ユーザー・オリジナル」を生み出せるクリエイティブな性質が備わっていたのも大事なポイントです。合金玩具は硬く、決められたとおりにしか遊べない「ハードウェア的性格」を有しています。一方で「可塑性」を意味する「プラスチック」には、「ソフトウェア的自由度」がありました。ジオラマ制作でフィルムに写っていないシーンをファンが描写し、プラモデルと年表の相乗効果で「作品に描かれていないものを含めた世界観」の拡張が加速して細部が補強される。こうして大きく成長した「ガンダム世界」は、やがて「外伝的作品」さえ生むようになります。

「ガンダム世界」は出版社、模型メーカー、モデラー、ユーザーを巻きこんで、「強度を高めた世界観の成長」を実現しました。オリジナル作品ゆえ、権利元も厳しい監修で縛りつけることなく、パブリックな手段で民主的に実現した点でも希有《けう》な成長です。その「共有性の高さ」が、40年という時空を超えた寿命を現実世界で可能にしたのでしょう。

こうした「作品を終わらせない構造」は、後々ゲームなど各種コンテンツビジネスに受け継がれています。今では「当たり前」になっていますが、複雑な段階を経て「当たり前」に至ったことは忘れてはいけないと思います。

「深く語ることができる楽しみ」の永続性には、シンボリックなキーワード「ニュータイプ」も関係しています。概略は「人類が宇宙に出たとき新たな能力を獲得した進化形」とされています。作中では主として直感が鋭く、先を読む予知能力的なものを発動させて、高い戦闘力を発揮するパイロット能力として描かれています。ところが富野由悠季監督は、これを決められた「設定」としなかった。人びとの願望が生んだ概念、真偽相半ばする「仮説のようなもの」とした。そこに受け手の解釈が加わって意味が生じる点も貴重です。

筆者自身は「明示的に説明しきらないガンダムのような作品でも、意味を自ら察して受け止められるような〝新しい観客〟を〝ニュータイプ〟にたとえた」と解釈しています。リミテッド・アニメにせざるを得ない、貧しい土壌で生まれた日本のアニメ。しかし限られた枚数、コスト、リソースでも、深く分かりあえる作品は実現できる。背後にある人の感情、情の絡みあい、因果がもつれあう組織の内外などを読み解く人びとさえいれば……。

「宇宙世紀の世界観」は想像力を触発します。現実世界の受け手が、自分の人生に照らし、考えて行動に反映できるヒントも見える。高みを見すえたレベルでの「世界観主義」を実現したのが『機動戦士ガンダム』であり、それを体現する言葉が「ニュータイプ」だと考えたいです。実はその前提には「人は分かりあえない」という「絶望」もある。その点ではシニカルな世界観です。けれど、ほんのわずかでも認識の持ちようを変えれば「希望」に近づける可能性がある。殺伐とした戦争の中に、ほのかな希望の光が見える。誰でも自発的に考え行動すれば、少しはマシにできる……いや、そうしてほしい。そんな「引き裂かれた願い」が、「ニュータイプ」だと自分は考えてきました。

『機動戦士ガンダム』は、「テレビまんが発のアニメでも、こうした哲学的なものさえ描ける」という点で、大きな指針を後進へ示しました。「はかないが、前向きな希望」の提示は重要です。実際、本作を通じて伝わった「現実を変える力」を、若者の一部は受けとめ、クリエイターとなって思い思いの方法で自主的に日本製アニメを進化させていきました。

こうした「ニュータイプ的な進化の構造」こそが、「作品が終わっても続いていくガンダムの本質」だと考えています。

第4章　スタジオジブリとアニメ受容の国民化

不動の300億円映画、米国アカデミー賞の受賞

スタジオジブリは日本のアニメ史上、特別な制作会社です。高畑勲《たかはたいさお》監督、宮崎駿《みやざきはやお》監督の作品づくりを中心に1985年から活動開始、1989年に外注中心だった制作スタッフも正社員として採用し、1991年には社屋を固定化して、自社で作画、美術、仕上げ、撮影とほぼ全工程を制作可能にしました（後に音響関係と試写室も設置）。以後、「宮崎アニメ」と呼ばれる宮崎駿監督の作品群を主力として経済面、芸術面の双方から高い評価を得て、独自の社会的ステータスを獲得したのです。

現在、宮崎駿監督は「国民的作家」と呼ばれるようになっています。そのきっかけは、2001年、宮崎駿監督の映画『千《せん》と千《ち》尋《ひろ》の神隠し』でした。興行収入は304・0億円（初公開当時）で、2020年に『劇場版 鬼滅の刃《やいば》 無限列車編』の403・2億円に抜かれるまで、アニメ映画のみならず日本で公開された全映画の興行収入トップに君臨していました（『千尋』も2016年の再公開、2020年のコロナ禍における再々公開を経て316・8億円に増加しています）。

歴代映画興収ランキングを調べると、とにかく宮崎駿監督作品のすごさが目立ちます。2022年12月の数値によれば、第7位は『もののけ姫』（97）の201・8億円（コロナ禍再公開を加算）、第8位は『ハウルの動く城』（04）の196・0億円、第13位は『崖《がけ》の上のポ

ニョ』(08)の155・0億円。現在のところ最新作の『風立ちぬ』(13)も120・2億円で第27位ですから、トータルで約1千億円です。

さらに文化芸術面でも、宮崎アニメは高い評価を受けています。『千尋』が米国アカデミー賞長編アニメ映画賞を受賞し、ベルリン国際映画祭ではアニメーション映画としては異例の金熊賞を受賞。そして2014年には米国アカデミー賞の名誉賞を受賞し、監督自身が訪米して式典に参加しました。2021年、ロサンゼルスに設立された「アカデミー映画博物館」は、オープニングとしてハリウッド映画ではなく「宮崎駿展」とその関連上映を行ったほどのステータスです。世界中から贈賞され、国内外で研究書も多数出ている点で、間違いなくトップのアニメクリエイターと言えるでしょう。

この章ではすでに充分評価された作家性よりも、「それを可能とした歴史の流れ」に着目します。そこには「東映動画と虫プロダクション」の2大潮流のせめぎ合いも大きく関わっています。他にも「日本製アニメの備える特徴・世界観主義」と不可分な事象が多々あるのです。

たとえばジブリの誕生と初期の躍進は、アニメ雑誌「アニメージュ」に支えられたものでした。『宇宙戦艦ヤマト』と『機動戦士ガンダム』の受容でアニメ作家に注目が集まった次に、「作家としての高畑勲・宮崎駿」にスポットが当たった。多段ロケットのように、2段目、3段目と点火していったのです。打ち上がったジブリが重力圏を振りきって高みに行ったプロセスには、こうした社会的注目の順番があるわけです。

本章では「因果の連鎖」に注目し、「高畑勲」「宮﨑駿」と異なる資質のふたりが「日本のアニメを特徴づけた」とも仮定して、「世界観主義」に基づく分析を試みます。

映画とテレビアニメのねじれた関係

まず高畑勲監督から述べていきましょう。1935年生まれの高畑は、1959年に東京大学文学部仏文科を卒業後、東映動画に入社しました。映画産業は前年が観客動員数のピーク（11億2745万人）、まさに黄金期ですから優秀な人材を集めていました。東映動画はすでに有名な美術大学からクリエイターを採用していたので、それに加えて企画・演出面を増強するため、文系のエリートを獲得したのです。

この「演出強化」は、後に大きな影響を残しました。初期の東映長篇漫画映画では、キャラクターに芝居をさせるアニメーターが「役者」に相当すると考えられていました。「具体的にこう動かす」と創造する〝絵描き〟に主導権がある。作業のための絵コンテはあるものの、脚本に基づいて演出が設計した枠組みに留《とど》まり、たとえ尺（カットの長さ）が守られなくても、結果が良ければ認める風土があったのです。芝居内容によってはキャラクターの解釈が基本設定から多少逸脱しても、面白くなったのなら演出はまとめ役としてそれを受け入れ、全体を膨らませようと努力する。それは東映がスター俳優中心の実写映画づくりで培ったスタイル（役者のアドリブを認める等）の継承でもあったのです。

それが変わり始めたのは、『安寿《あんじゅ》と厨子《ず し》王丸《おうまる》』（61）からとされています。演出（現在の監督に相当）は初期作から担当していた藪下泰司《やぶしたたいじ》に加え、新東宝で助監督だった実写出身の芹《せり》川有吾《かわゆうご》が共同で担当することになり、高畑勲も演出助手として参加しています。その芹川有吾は1963年の『わんぱく王子の大蛇退治』では演出として一本立ちし、高畑も引き続き助手となって画期的な映像世界を創出します。

実写映画で観客の目をひく中心は芝居をする役者になります。そして撮影・照明・美術とひとつの現場に集まった各部署を統率して「画《え》をつくる」のは監督の役割で、内容面にも責任を持ちます。撮ったフッテージ（フィルム素材）を編集室でつなぎ直し、連続した時間・空間をひとつに練りあげる「コンティニュイティ」も、監督によるものです。このコンティニュイティは、「映画としての世界観」の基盤となります。

しかしアニメーション映画の場合、コンティニュイティの設計が先行します。撮影が済んで完成したフィルムをカットすると、コスト面やスタッフの信頼関係に深刻な影響が出るため、「絵コンテ」でこの完成形を先回りして煮詰めるのです。では、作画に入る前にどういう要素を積みかさねれば、コンティニュイティの質を高められるのでしょうか。映画が終わった後でも、観客の心の中に登場人物やアニメ世界を残し、「あれはどういう意味だったのか」等と考え続けるタネを残すことが可能となるのか……。

現代のアニメ作品に関わるスタッフは、誰でも似たような問題意識を持っているはずです。それは「描いた絵に過ぎないアニメーションを、どうやって映画にしていくのか」という問題とも言えます。それゆえ海外の識者からも注目されるレベルになった。そのレベルアップを大きく推進し、問題に具体的な解決策を提示したのが高畑勲でした。彼が演出（監督）となった1968年公開の『太陽の王子 ホルスの大冒険』が、その実践の場です。宮﨑駿が作品の中核に関わる大きな仕事を実現した、最初の作品でもあります。

『ホルス』の革新性とリアル志向

『ホルス』には、革新的な要素が数多くありました。

アイヌ神話を題材に「村の滅亡を狙う悪魔に対し、村人たちが団結して戦う」と、仕立ては漫画映画的ファンタジーです。主人公ホルスが〝太陽の剣〟を手に悪魔を退ける点ではヒーローものの要素もあります。だから子ども向け冒険活劇としてゴーサインが出た。

しかし、完成へと向かう映画はかなり様相の異なるものになり、会社上層部は当惑しました。高畑勲はこれまで定型、お約束としてスルーされてきた数々の前提に対し、根本的な疑問を投げかけ続けたのです。それを考えると当然の反応で、制作中・公開時と同時代的な評価は決して高くはなかったのです。

その革新的な試みを、本書に直結する要素に絞って筆者なりに整理すると、以下4点になります。

(1)主人公とヒロインをミドルティーンに設定し、思春期の葛藤《かっとう》や逡巡《しゅんじゅん》など、喜怒哀楽よりも細かい心理表現に踏みこんだこと。
(2)映画の実在感、臨場感を支える〝舞台〟の刷新。共同体としての〝村〟を実感あふれる空間として構築し、コンティニュイティと世界観で観客を引きこむ。
(3)「省略と誇張」を是とするアニメーションでは無視されがちだったディテール表現の重層化。ことに〝生活描写〟の詳細化、プロセスの明示。
(4)キャラクター・ルック（外面）における記号的表現の排除、否定。内面からわき上がる感情を充分に表現しうる表情や演技の成熟。

すべてに「リアル志向」という共通性があります。「漫画映画はこんなものだ」とされてきた既成概念に対する疑問への回答とも解釈可能です。そして「アニメーションにはもっとこういう可能性があるはずだ」という点で、挑戦的でもありました。日本のアニメ監督は、海外に出ると「なぜ実写でやらないのか」とよく聞かれるそうです。それは「（実写並みの）映画にしたい欲求」が成功した結果でもあるはずです。このねじれ現象のルーツを探っていくと、高畑勲の発想と革新に行き着くのです。

アニメ映画空間の基盤構築

『ホルス』で高畑勲を演出（監督）に指名したのは、作画監督の大塚康生《おおつかやすお》でした。東映動画は日動映画株式会社を買収して設立され、日動出身の2人のアニメーターが作画部門の基礎をつくっています。それが大工原章《だいくはらあきら》と森康二《もりやすじ》です。

日本のアニメキャラの絵柄は、この2人が基礎を築いたものなのです。ディズニーの影響下にある手塚治虫《てづかおさむ》とトキワ荘グループによる漫画絵とは異なる、アニメ的立体を意識したものです。森康二は絵本などでも活躍し、童画風の柔らかく丸い絵柄。大工原章はもう少し骨格や筋肉を意識したリアル寄りの絵柄。いずれも「動かすことで立体感が生じるキャラクターデザイン」であることは重要です。

そしてこの2人の絵柄を要素分解し、的確かつ統一的にまとめて継承したのが、次の世代の大塚康生です。彼はアクション、炎・水などのエフェクト関係で卓越した技量を発揮し、多くの後進に影響をあたえています。大塚の後進のひとりが宮崎駿ですから、世代間の継承があるわけです。世間に何となく認識されている「スタジオジブリ風の絵柄」には、東映動画のアニメーターたちから受け継がれた遺伝的連鎖があるのです。

宮崎駿は『ホルス』の時点でまだ入社数年目の若手アニメーター、動画から原画に昇格する直前でした。そしてこうした絵柄やアニメート技術とはまったく異なる側面で「アニメの世界観」に対し、驚くべき才能を発揮します。それは映画の中心となる舞台、キャラクター、シーンの多くを「具体的な絵」として提供することでした。コンティニュイティを形成する「時空間」のうち「空間の基盤」を構築したのです。これもまた日本のアニメを「特別なもの」に高めていく要素の原点です。

これは高畑勲が制作現場を構築するとき、スタッフ全員から意見を聞くフラットな共同作業の方針を出したことがきっかけになっています。宮崎駿はメインの舞台「村そのもの」を美術的、建築的に設計しただけではなかった。地形と家屋配置を読み解くと、村人がふだんどのような生活をして、どういった人間関係が醸成されていくものなのか、頭の中に描けるレベルのものでした。

一般的には美術部門が脚本から必要とされる情報を抽出し、「舞台装置」となる「美術設定」を描く。そのプロセスは、クリエイションとして脚本の従属物、下流にあたります。しかし宮﨑駿が描いた設定は、「舞台」「空間」をクリエイションの発生源となる最上流に高めたのです。外国映画では「プロダクションデザイン」に相当する「村の創出」ですから、これは世界観重視の日本製アニメの「転換点」に位置づけられます。

東急電鉄系の会社だった東映において、上流下流の転倒は異例です。スタジオシステムでは役割を明確に分担し、上流から下流へとスムーズに流れる、ベルトコンベアに近い工業的な考え方が美しいとされているからです。企画から脚本が出来た段階で工程を分解し、撮影部、照明部、美術部が各責任範囲内でやるべき準備を進める。俳優部は役者を用意し、制作部門がセットやロケを含めて手配関係を統括する。演出部門は構築されたフィルムメイキングの現場をコントロールし、監督が頂点に立つ。逆に他の部署のすべき役割に手を出すと混乱するので、「こうすればいいのに」と思っても越境的な提案は避けられていました。

しかし生命のない絵を動かすアニメーションの場合、それだけでは決してうまく行かないのではないか。各部署が総出で改善のアイデアを持ち寄り、隙間が空かない密接で有機的な状況をつくれば、もっと良くなるはずだ。高畑勲監督のそうした志向の中から、宮﨑駿の才能が引きずり出されたというわけです。実際、宮﨑の果たした役職には前例がなく、「場面設計　宮﨑駿」と、この映画専用のクレジットがオープニングに登場するほどでした。画期的な「イノベーション」だった証左です。

「世界をデザインできる才能」の出現

アニメーターの仕事とは、単にキャラを設定に似せて滑らかに動かすだけではありません。演出家が映像的な要件を指示する絵コンテ（『ホルス』の場合、高畑勲の設計を大塚康生が具体的な絵にした）の各カットに対し、芝居に必要な空間を創出し、カメラアングルやレンズの焦点距離、アイレベルを決めるのはアニメーターです。フレーム内全体の被写体——工程的にはキャラクターと背景に分離されて描かれるすべての「配置」を線画で決める。この設計図はディズニーでは古くから「レイアウト」と呼ばれていました。それは二次元の絵によって三次元的に齟齬《そご》のない「空間」を決める機能が重要だからです。

たとえば背景が遠近法で、消失点に向かって奥の方へ次第に小さく描かれたとします。キャラクターがその遠近感（パースペクティブ）に合わせて手前から奥へ歩くと、まるで絵の中へ吸い込まれるような感覚が生じます。ただし正確に動かさないとキャラの大きさが変わってみえるため、アニメーターに負担が生じます。テレビアニメ（特にアメリカのカートゥーン）でキャラサイズが変わらない左右の平行移動を多用するのは、効率重視のためです。

この「手前・奥」の動きは現場で「タテ移動」と呼ばれます。３ＤＣＧに変革をもたらしたピクサー社を発展させたジョン・ラセターは、宮崎駿監督の『ルパン三世 カリオストロの城』を観たとき、その「タテ移動のダイナミズム」に感動して自作にも採り入れたと語っています。それぐらい革新的なものだったのです。

『ホルス』で見せた宮崎駿の創造性の発露は、まさに「アニメーションの変革」でした。カット内で完結するレイアウトの空間設計に留まらず、作品全体に拡がる空間全体、あるいは「その空間がなぜ出来たか」「その空間を支えるものは何か」、つまり「世界すべてをデザインできる才能」が、宮崎駿にはありました。それを言い換えると、「世界観の根源的創出能力」になります。

世界観を先行して決めるのは、今では「当たり前」の発想になったかもしれません。しかし1968年時点では、実写映画でさえ先に述べたように「舞台と役者」があれば成立するという考え方が支配的でした。娯楽作の量産時期ですから、「世界観」も作品内容から事後的に決まる場合のほうが多かったのではないでしょうか。

名作アニメと「日常の驚き」の再発見

『ホルス』の〝志〟は先進的過ぎて前例がなく、試行錯誤の結果として1年あまりも納期を超過し、会社側から問題視されます。高畑勲は次の映画を任されることなく、1971年に東映動画を去ります。そのとき宮崎駿とアニメーターの小田部羊一《こたべようういち》に声をかけ、東京ムービー作品のアニメーション制作を担当していたAプロダクションに移籍します。

この時期の日本映画界はテレビの影響で衰退期にあって、東映、東映動画ともに深刻な労働争議が発生しました。また東映動画の創設者でもあった東映の大川博《おおかわひろし》社長が急逝（1971年）した影響もあって、数百人規模の大きなリストラが敢行され、アニメ業界全体は次第に外注、フリーランス主体に推移していきます。

移籍後の目的はアストリッド・リンドグレーンの児童文学「長くつ下のピッピ」をテレビシリーズ化することでした。プロデューサーの高橋茂人《たかはししげと》はTCJから独立してアニメ製作会社「瑞鷹（ズイヨー）」を設立した人物で、1969年の『ムーミン』から世界の名作文学をアニメ化するプロジェクトを続発します。これも「アニメの可能性を拡大するムーブメント」です。『ピッピ』は「日常の中に潜む〝驚き〟を再発見する」点で、後の日本の名作アニメの基礎となるはずの企画でした。メインスタッフはスウェーデンでのロケハンまで敢行したのですが、原作者の許諾が得られず、企画は頓挫《とんざ》しました。

文芸性を重んじる、ないし子どもの成長にとって本当に必要とされる児童向けの日本製アニメ作品が世界に信頼され、受け入れられるのは、まだまだ先のことなのです。そして高畑勲と宮崎駿はAプロダクション演出グループ名義で『ルパン三世』に途中参加した後、『ピッピ』のイメージボードや企画構想、方針、人物造形を転用し、劇場用中編『パンダコパンダ』(72) を小田部羊一のキャラクターデザイン・作画監督で作り上げました。

そこで得られた手ごたえをもとに、「高畑・宮崎・小田部トリオ」がズイヨー映像へ移籍して発展的に作り上げたのが『アルプスの少女ハイジ』(74) なのです。さらに同社の改組で新設された日本アニメーションでも、同じ布陣で『母をたずねて三千里』(76) が完成します。この2作は高畑勲の演出プランに基づき、宮崎駿が全カットのレイアウトとラフ原画を毎週300カット規模で描いたうえで、小田部羊一が作画をまとめる異例の体制で制作されました。高畑の言によれば、それは宮崎駿のカメラマン的資質がその役職に向いているからであり、「システム」のつもりはなかったとのことです。それでも現在では「レイアウトシステム」として定着しています。

高畑勲が宮崎駿と実現したものを、自分なりに言語化すると以下のようになります。

「作品世界全体をひとりのカメラマン(宮崎駿)が撮り続けることにより、一年間にわたるテレビシリーズの毎週分断をともなう〝時空間〟を単一の世界に接合できる。加えて作品世界に児童視聴者を引きこむことで、視聴習慣を根付かせるとともに、生活実感を登場人物と共有させる。そして現実世界における〝発見の喜び〟を習得させる」

ハイジが食事をするシーンを例にとると、こんな具合です。部屋の中にテーブルがある。

自分で食器を探すハイジ。戸棚の中に何か発見する。では、棚まで何歩なのか、ハイジが目測した距離を動きで表現する。大人の手は借りない。自分で扉を開く。ハイジはそういう子だ。木でできた食器だから、誰かが作ったものだ。由来、来歴が宿っている。歩いた途中にはナベとかまどが見えた。チーズを焼く。かまどを使う。チーズは何で出来ているのか。ヤギの乳からだ。そのために大きなナベがあった。ヤギはどこにいるのか。どうやって育つのか。何を食べて乳になるのか……。

こんな具合に「ハイジの発見」が「因果の連鎖」で構築されていきます。ですから、見守る視聴者も興味深く惹《ひ》きつけられ、世界の観察から共感が発生する仕掛けです。

やがて物語が進むと、ハイジはヤギ飼いのペーターと友人になる。ヤギの食べる草が提示される。草を育てる日光、澄み渡る空気。流れる清涼な水。画面に映し出されるすべてに連鎖が見えて、そこに美的な価値観が積み重なります。〝世界〟の正体とは、「連鎖で編み上げられた時空間の総体」なのです。実時間の流れを共有しつつ、一歩ずつ自分でも疑問を覚えてハイジと体験を共通化した視聴者は、「全体がひとつの世界」であることを〝自主的に発見する〟のです。だからこそ、言語を超えた実感が生まれる。『ハイジ』を体験した児童たちは、「自主的に日常から世界の連鎖を発見する機会」が増えていったはずです。

アニメのレイアウトと「世界観主義」の関係

「人が世界をどうとらえるか」が「世界観」ですから、これこそが「世界観主義」の本来的な姿なのです。ゲームや異世界アニメに多い「恣意《しい》的で便利な特殊設定」とは〝志〟の次元が異なるのです。高畑・宮崎コンビによる演出で成功した「没入感を誘う世界観主義」は、やがてスタジオジブリ作品にも流儀として継承されていきますし、『機動戦士ガンダム』を経由して二次的な拡散をしたと考えています。

これを底流で支えた宮崎駿の「レイアウト」の方法論も、標準となっていきました。だからこそ、日本製アニメは表現力を高めることができたのです。後年、「聖地巡礼ブーム」に結びつく「背景美術に想いを託す考え方」も、「レイアウトありき」です。背景画のうち、色、光、空気、質感などを除外した「線画で表現可能な要素」が「レイアウト」の本質ですから、被写体間の配置と空間、カメラワークを規定する「映像構築」の意識もスタッフ全体で高まったはずです。

『ハイジ』の特徴は、当時アニメでは異例とされたスイスロケハンにもありました。しかし、現地の写真撮影が主目的ではなく、宮崎駿に至っては写真を撮らなかった。高畑勲監督的なリアリズムに基づく演出思想は「人が暮らす生活感、空気感」を現地で「体験すること」だから、脳に焼きつけたのです。その実感は宮崎駿のレイアウト（クレジットは場面設定・画面構成）により、背景美術へ注入された。たとえば木製の机と椅子、調理具など生活を支えるアイテムは、日本文化との差異、住人の性格など複雑な情報を宿しています。加えて季節や時刻の移ろい、木漏れ日や迫る暗雲など、背景に人物の内面にひそむ心理、情感を託す高度な映画表現も可能となりました。作画枚数が使えないテレビアニメだからこそ、レイアウトにクリエイションを集約する。そうすることで映画に近づける。だからこそ技術レベルを超えて、後のアニメの方向性を決定づけることになったのです。

「わざわざ人が絵に描いて動く映像にするアニメーション」だからこそ、画面内のすべてから「意味」を伝えることも可能。この演出の姿勢は、現在日本で作られるアニメにあまねく染みわたっています。「ありきたりの日常」に過ぎないのに、アニメにすると奇跡的に輝いて見える。女子高生がキャンプをするアニメ、原付に乗るアニメ等々……。そんな作品も激増しました。その芸術性の伝達メカニズムは、『ハイジ』の挑戦にルーツがある。これは、強調しておきたいことです。「誇張と省略の芸術」のアニメーションの可能性、動き以外の特性はもっと深い分析が必要ですし、この先も研究を発展させてほしいのです。

異論を承知で言えば、これは背後に自然主義が繋《つな》がっている点で、「１コマ、２コマ打ちで滑らかに動く」とは異なる観点の「フルアニメーション」であり、発展形だとも考えられます。「東映動画の流れ」が生み出した「映画志向」ですし、虫プロダクション流の漫画、劇画、リミテッドとは異なるテレビ向けコストダウン表現なのです。

これと真逆の「アニメだからこそ非現実を優先して描くべきだ」という発想は、１９７０年代までは支配的でした。以後もファンタジー志向、ＳＦメカや魔法を中心にした作品群が多い一因になっていますし、商業作品が「通俗的」とみなされて芸術・学術面で別枠扱い、軽視されがちな原因もそこにあります。

キャラクターを誇張された表現でとらえ、「喜怒哀楽」すべての感情を記号化し、セリフを多用し、定型めいた物語を提供する。いっときの慰めになるようなタイプの娯楽をあたえるアニメ作品群は、通俗だとしても大きな価値があり、自分も楽しみますから決して否定はできません。「ただ、それだけではないはずだ」と、およそ半世紀以上、様々なクリエイターが挑戦を続けてきた。その背後には「映画にしたい志向」があった。だから革新が起きて、現在のように「国際的に通じるアニメ文化」が成熟したと、筆者は考えているのです。

「アニメージュ」による高畑・宮崎への注目

ところが「高畑勲の演出により宮崎駿が画面構成（レイアウト）をする」という体制の名作アニメは、１９７９年のテレビアニメ『赤毛のアン』の途中で終わりを迎えてしまいます。その前年、ＮＨＫで放送されたテレビアニメ『未来少年コナン』で宮崎駿はついに演出（監督）に就任し、大塚康生の作画によって全26話のＳＦ冒険活劇を世に送り出すことになりました。そこで演出家として一人立ちしたのも一因でしょう。

『コナン』の原作はアレグサンダー・ケイの小説「残された人びと」です。当時世界を不安に陥れていた東西冷戦を背景に、終末戦争が起きて大陸の大半が海没し、文明は崩壊して、わずかに残った人びとが生きのびる……。よくある終末ものですが、骨子は継承しつつ、かなりの部分は宮崎駿によるオリジナル要素で再構築されています。主人公コナンは戦後に生まれたパワフルな少年で、科学の遺物も「所与の環境」ととらえて肉体派の活躍をします。そして文明再興のカギを握る少女ラナと出逢《であ》ったことで、機械文明を信奉するインダストリアに誘拐された彼女を助けるべく、冒険の旅に出るのです。

作家はその処女作にすべてがあると言われています。『コナン』は後の諸作品に受け継がれていく「宮崎駿らしさ」がギュッと詰まった「原型」です。この前年、『宇宙戦艦ヤマト』の劇場版がヒットしたことで、『コナン』放送中に初のアニメ専門月刊誌「アニメージュ」が創刊されています。しかし創刊間もない時期ですから、編集ノウハウもまだ確立されておらず、『コナン』の特集記事でも宮崎駿はそれほど目立った扱いではありません。

一方、創刊を一任された編集者・鈴木《すずき》敏夫《としお》と高畑・宮崎コンビの関係も、この時期にスタートしています。アニメに詳しくなかった鈴木は、誌面づくりに学生のアニメファンを動員してどんな作品やキャラクターがなぜ人気なのか、ヒアリングをかけました。新作のみならず過去の名作も扱ったほうがいいと判断した結果、その中に『太陽の王子 ホルスの大冒険』が浮上したのです。これは非常に妥当な判断でした。70年代以後、ティーンのアニメファンがサークルを作るようになり、同人誌を配布してコミュニケーションを活性化させていた時期、『ホルス』は「必見のアニメ映画」のように扱われ、16ミリフィルムの自主上映会が盛んに開催されました。

そこで鈴木は高畑・宮﨑両名に取材をかけたものの、『ホルス』のインタビューは固辞されてしまう。ところがそれで逆に関心が高まったのです。そして宮﨑駿は大塚康生の誘いで『赤毛のアン』の現場を離脱し、自ら名乗り出て1979年末公開の『ルパン三世 カリオストロの城』で劇場映画の監督に初就任します。その年の『機動戦士ガンダム』で「アニメ作家」を扱う記事が急速に台頭していた時期です。そして鈴木敏夫は制作現場のテレコム・アニメーションフィルムに日参し、取材の猛攻勢をかけました。「アニメージュ」表紙、誌面への優先的な扱い、その破格の注目は続くテレコム作品、高畑勲監督が小田部羊一・大塚康生の作画で組んだ『じゃりン子チエ』（はるき悦巳《えつみ》原作）へと続いていきます。

テレコムは東京ムービー新社が海外合作向けに作った会社です。Aプロダクションは1976年、すでにシンエイ動画に改組されて独立し、1979年の『ドラえもん』をヒットさせていました。以後は藤子不二雄《ふじこふじお》（F、Aとも）のアニメを堅実に作り、児童向けキャラクターで盤石の地位を築きます。両社とも東映動画の流れをくむ制作会社です。

「アニメージュ」に連載された宮崎駿の漫画

さて以前の章でも触れたように、「アニメージュ」は「アニメにはアニメのクリエイションがある」と「作家性」をプッシュしていました。そこには鈴木敏夫の編集者としてのキャリアが関係しています。かつて成人男性向け週刊誌「アサヒ芸能」編集部に所属し、取材対象に肉薄して「面白さ」を抽出するマインド、当たり前ではつまらない反骨精神などを鍛えられていた鈴木敏夫は、拒絶されたことで逆に燃えました。「そこに何か特別なものがある」という記者としての直感があったのでしょう。取材を経て宮崎駿「個人」への興味関心がさらに深まった結果、「アニメージュ」の編集方針も大きく変わっていきます。

それまでテレビアニメを扱う雑誌は「権利元から掲載権をおろしてもらい、それで商売する」という仕組みで、二次商品の範疇《はんちゅう》だったのです。人気作品は出版社同士で取り合いになりますし、ひとつの児童向けテレビ雑誌に独占掲載となることもありました。ところが鈴木敏夫は、それをやめてしまった。「アニメージュはこれを追う」と先に決めてしまい、そこから流行のムーブメントを作ればいい。言わば「アニメ雑誌こそが一次だ」と宣言するような発想の転換で、従属物からの脱皮です。動画マンだった宮崎駿が舞台という上流の仕事から本領を発揮したことをあわせ考えると、アニメ史における「変革の本質」は「下剋上《げこくじょう》的な考え方」にあるのかもしれません。徳間書店は文芸部門も擁する総合出版社ですから、「アニメ監督も作家として扱おう」となるのは自然な成り行きですが、そこには「角川映画」など「出版社が映像発信者となる70年代の時代性」も大きく作用していました。

とは言え、当時の宮崎駿は「作家としてのネームバリュー」にはまだ乏しく、『カリオストロ』は内容的に高い評価を受けたものの、興行的には惨敗しました。前年、SFテイスト全開の劇場版第1作『ルパン三世』（現在では『ルパン三世 ルパンVS複製人間《クローン》』）が大ヒットしたからこその続編だったのですが、そのSFアニメブームに背を向け、「城」を舞台とする古典的な活劇としたのが要因です。いまでは「不朽の名作」とされていますが、それはアニメ雑誌が公開後も取りあげ続け、ファンが地道に名画座で追跡を続けてクチコミで評価を拡げた成果なのです。

その後の宮崎駿は東京ムービー創業者・藤岡豊《ふじおかゆたか》の方針にしたがい、アメリカとの合作『リトル・ニモ』やイタリア合作『名探偵ホームズ』に、テレコム社員として関わることになります。後者はフィルム4本と作画までの2本、合計6本が宮崎駿指揮によるものでしたが、諸事情で制作は途中で凍結され、宮崎駿はテレコムを退社します（その後、御厨恭輔《みくりやきょうすけ》の演出による追加制作で全26話のテレビシリーズとなりました）。

そんな宮﨑駿に助け船を出したのがアニメージュ編集部でした。新しい仕事は「漫画連載」です。徳間サイドでは鈴木敏夫中心に「映画を作ろう」と盛りあがっていました。既存の原作、慣習、流行にまつろうことへの反骨精神の一環です。ただし当初の宮﨑駿監督企画は頓挫します。その代わりに「漫画を掲載」となり、宮﨑駿はアニメーションにならない題材でプランを練り直しました。人の業や歪《ゆが》んだ科学志向の行く末を、呪術《じゅじゅつ》的とも言える濃密なビジュアルで描く。こうして誕生したのが、漫画『風の谷のナウシカ』でした。

宮﨑駿はアニメーターになる前は漫画家志望だった時期もあり、東映動画所属期には映画宣伝用として新聞連載漫画も描いています。徳間書店では『機動戦士ガンダム』の安彦良和《やすひこよしかず》が「アニメーターの描くオリジナル漫画」として、すでに『アリオン』をヒットさせていたため、「アニメ作家＝漫画の描けるひと」という認識もあったことでしょう。

バイオテクノロジーが暴走的な進化を遂げた結果、究極の生物兵器〝巨神兵〟が世界を火に包んだ結果、汚染された大地で人びとが暮らしている――『ナウシカ』は、そんな設定の遠未来SFです。新種の生態系〝腐海〟には、それを守護する巨大な王蟲《オーム》がいる。科学文明の負の遺産たる〝腐海〟から流れてくる瘴気《しょうき》は、人の身体を蝕《むしば》む。人類絶滅寸前の状況でも、大国は覇権争いをやめない。そんな現実世界と人間の本質を投影した大作でした。

主人公は〝姫様〟と呼ばれる王女ナウシカ。連載開始当初、アニメファンの多くは『未来少年コナン』をヒントにした設定で、『カリオストロ』のクラリスの発展形となる理想のヒロインが活躍する作品ではないかととらえたはずです。

ところが情勢が変わり、この作品が急遽《きゅうきょ》アニメ映画化されることになりました。そして徳間書店が幹事会社となって「製作委員会」（かなり初期のものです）を組織し、出資を集めることで、ゴーサインが出ました。当初アニメ化に抵抗のあった宮崎駿監督も、いろんなクリエイターを束ねて短期間で制作することになります。

「才能」が世に出るための因果関係

詳細に書いているのには、理由があります。世の中の多くの論客、あるいはクリエイター志望者が「宮崎駿は才能があったから世に出たのは当然」と思い込んでいるからです。ですが才能とは「最後の切り札」のようなものです。環境、時流、過去から連なる「因果関係」があって、初めて「作家性」の露出も可能となる。才能単独では露出もなし得ない。ではこの才能が世に出た因果関係はどうなのかと、ぜび推理してほしいのです。

あの宮崎駿監督でも『カリオストロ』の興行的失敗により、二度と映画は作れないと一時期は思われていた。ですが、『風の谷のナウシカ』のヒットで新しいチャンスが巡ってきた。

ここで注目したいのは「題材」と「時流」です。たしかに『ホルス』も『カリオストロ』も作品として素晴らしく、映像も美しく豊かなものです。ところがアニメファンの多くが記憶に残したのは、まずヒルダでありクラリスであって、ヒロインありきです。「ファンの欲望を喚起するキャラクター」が重要ということ。『ナウシカ』は「美少女」が盛り上がっていたところに連載を開始した作品なのです。

社会全体でも1985年の男女雇用機会均等法成立に向け、「女性の進出」がたびたび話題となっていました。同時にテレビアニメ第一世代が新社会人を経て、20代半ばとなっていた時期です。「美少女同人誌」の急成長はコミックマーケットが拡大する一因にもなり、ビデオソフトの普及を背景にしたOVAも「美少女もの」が前面に出てきます。「消費の理由」として「メカと美少女」が突出してきた時期と『ナウシカ』のヒットはシンクロしている。兵器は「タナトス（死）」、美少女は「エロス（生）」で「物語の本質」が背後にあります。「メカもの」と『ナウシカ』は太い糸で結ばれているのです。

「新しい女性像」に向けて世界的にも映画の構造が大きく変わっていきました。ジェイムズ・キャメロン監督の『ターミネーター』（84）、『エイリアン2』（86）では、男性に頼らず「自立して戦う女性」がクローズアップされ、ヒット映画のジェンダー観を根本から転換していった時期です。『ナウシカ』は時流と合致した「ニューヒロイン映画」だからヒットした。その原作がアニメ雑誌に掲載されていたことは、特に重要です。

『ナウシカ』のヒットと時代性

ただし、アニメ雑誌側が作家・宮崎駿の意思を無視して「ヒロインもの」を描かせたわけではありません。「ヒロイン志向」は彼に内在していました。宮崎駿は東映動画の長篇第1作『白蛇伝』でヒロイン白娘《パイニャン》の純朴さに心打たれ、アニメーションを志したと明言しています。だから『未来少年コナン』でも『カリオストロの城』でも、そうした純なヒロインが中心にいて、男性がエスコートする構造をとっています。

『ナウシカ』では、それを一歩進め、11世紀の日本で書かれた小説「虫めづる姫君」(堤中納言物語)の「既存概念に毒されていない女性像」を題材に、世界の構造に疑問符をつけて「既成概念と戦う女性主人公の物語」に高めた。その主導権は、あくまでも宮崎駿の側です。入り口はヒロインものでも、奥は深い。だから評価も受けたし、深い分析の対象ともなったし、長年人気も衰えず、近年歌舞伎の題材にまで使われるようになりました。

ただ、これが宮崎駿自身にとって理想のアニメーション映画かと言うと、矛盾もありました。「アニメではできないことを描く」と決意して始めた漫画だったからです。事実、原作漫画とアニメ版を比較すれば、表現の点で大きなギャップ(「蟲使い」の表現をマイルドにしているなど）があることも分かります。

ともあれ『ナウシカ』の成功をきっかけに、徳間書店は、アニメ作品製作を活性化させます。『ナウシカ』映画公開の1984年は、前年末にOVAが発売開始された黎明《れいめい》期でした。その1983年には、ヒット作を連発していた角川映画が『幻魔大戦』でアニメに進出、翌1985年には新雑誌「ニュータイプ」（当初は映像総合誌、後にアニメ専門誌）を創刊する。そんな時代の大きな節目でもありました。

『ナウシカ』のヒット直前、宮崎駿のポジションは率直に言って「世に忘れられかけた才人」でした。それなのに鈴木敏夫が陣頭指揮をとって31ページの大特集「マンガ映画の魔術師　宮崎駿　冒険とロマンの世界」を仕掛けたのは、ギャンブルで言う「逆張り」です。その「アニメージュ」1981年8月号は、高い返本率を覚悟して進めた。表紙がアニメーター金田《かなだ》伊功《よしのり》による『さよなら銀河鉄道999』の描きおろしですから、時代はまだまだ宇宙SFアニメ中心です。その時期、「宮崎アニメはもう古い」という印象さえありました。

続いて取りあげられた『名探偵ホームズ』は、原作に準拠して19世紀の蒸気機関によるメカが大活躍の作品で、やはり未来志向とは正反対です。こうした「古い」とされる評価が『ナウシカ』以後、グルッと反転した。それには明白な理由があります。

キーワードは「クラシック」です。「古典」と認識されている言葉ですが、「クラス」とは

「格式」のことです。「クラシック音楽」は王侯貴族がたしなむ教養として位置づけた、正統でコンテクストのある流儀、様式に合致する音楽を指しますから、単なる「古い音楽」のことではなくコンテクストに則《のっと》った「クラシックの新曲」も作曲可能です。そして高畑勲・宮崎駿とは、東映動画に流れていたクラシックの血脈を継承し、もっと発展的に先へと進められる人材だった。そう考えられるのではないでしょうか。

そしてアニメは工場に相当する「制作現場」が必要不可欠です（一種の裏方なので、あまり認識されていません）。レイアウトと原画以後、動画と仕上げ、背景など膨大なマンパワーを要する制作工程の多くは外注化されていますから、人と物流を仕切って手配し、成果物を集約する制作が優秀でなければ、作家性を発揮することは不可能なのです。

さらに『風の谷のナウシカ』のアニメーション制作現場が、トップクラフトだったことも時代性を反映しています。同社を設立した原徹《はらとおる》も東映動画出身なのです。原は在籍時に米国ビデオクラフトとの合作『キングコング』(67)などをプロデュースした経験を活《い》かし、合作中心のスタジオを設立していたのです。アニメ年表には出てきませんが、１９８０年代は一大合作ブームで、『ニモ』『ホームズ』もその産物でした。

『ナウシカ』のヒットを受けて、高畑勲・宮崎駿両監督のアニメーション映画を定常的に作る制作現場構築の動きが始まりました。そして１９８５年、このトップクラフトを母体として生み出された制作会社が「スタジオジブリ」なのです。『ナウシカ』をジブリ作品と呼ぶのに異論を唱える人がいるのはそのためです（現在では『ナウシカ』の全権利をジブリが取得し、トトロマークも付与されていますので、必ずしも間違いではありません）。

ジブリだけが可能だったことは何か？

ジブリ設立の経緯やスタジオ、作品の特殊性は当事者を中心に何度となく語られているため、これ以上の詳細化は避けましょう。本書で注目したいのは、ジブリだけが可能にできたことです。整理すると、それは次の5つになると思います。

⑴東映動画初期に存在した「理想」の復権
⑵「作家性で勝負するアニメ」の本格化
⑶アニメ映画観客、一般層への拡大
⑷制作現場の内製化
⑸スタジオ名のブランド化

これらは最初期からのものではありません。時流と相互に絡み合いながらベターなポジシヨンを獲得し、順次発展していった。そのプロセスと「日本アニメ史」には、密接な関係があります。キーワードは、やはり「クラシック」です。

ジブリ作品には、(1)の「復権」が内包する「古いものへのこだわり」が感じられます。クラシックに内在する「不動性」は「普遍性」でもあり、時代や流行を追い続けるものに比べ、グルッと一周して最先端に突出することも可能。『カリオストロの城』の受容の変化が実証しているとおりです。「クラシック＝古典としての格式」を最初から備えていたから、「時代を超越する普遍性」を獲得した。このように外部要因から分析するほうが、「作家個人に特権性がある」と性急に断じるよりも、ベターだと筆者は考えています。

作品の価値と評価（興行収入など）は必ずしも一致しません。それは、スタジオジブリ設立直後の数作品が、現在の世評からすると信じられないほど、公開時にはヒットしていない事実からも分かります。

１９８６年の『天空の城ラピュタ』は、宮﨑駿監督が「漫画映画の復権」を掲げた作品です。かつて『未来少年コナン』で目指した「古典的な冒険活劇にボーイ・ミーツ・ガールの付与」の再現であり、スウィフトの古典小説「ガリバー旅行記」からの引用による『ホームズ』同様19世紀英国風の空想世界を展開する仕立てです。しかし、上映当時の成績はヒットと呼べるほどではないのです。

「漫画映画への回帰をめざす」とアニメ雑誌で宣言された作品でしたが、随所でリアリズムに基づいた描写が漫画的な飛躍を疎外する部分もあり、この矛盾に当惑した観客も大勢いました。ドラマもパズーがシータを救出したところがピークで、ラピュタ上陸後は蛇足感がある上に総尺も2時間を超えてしまう。クライマックスの呪文「バルス！」は今でこそ大人気ですが、あれは無理心中に見える、単なる映画を終わらせる仕掛けではないかなど、娯楽映画としてのマイナス要因が当時多く指摘されました。ところが後にビデオ化されて分割鑑賞が可能になり、テレビ放送されてコマーシャルが挟まるようになると、評価が一変しました。これも「クラシック効果」の一例でしょう。

1988年のジブリ作品は、高畑勲監督の『火垂《ほた》るの墓』と宮﨑駿監督の『となりのトトロ』と、2本立てとなりました。これが(2)の「作家性で勝負」の代表例です。しかし、2人の監督がスタジオ内のリソースを食い合った結果、ただ一度の試みとなりました。

太平洋戦争中、他者に頼ることに背を向けたために妹を餓死させてしまう少年の物語（『火垂る』）と、武蔵野《むさしの》奥深くの森に存在するオバケと少女の交流を描いた物語（『トトロ』）のカップリングは、題材的にかなりの無理がありました。映画館は有料ですから、子連れ鑑賞は相当の出費になります。それに見合う「ジブリの価値」も大衆に知られていなかったので、(3)の「一般層への拡大」は早々に未達となりました。内容や表現の優秀さだけでは大衆に受け入れられない。この冷厳な事実は、後のジブリに活かされています。

「作品内容と受容」に温度差がつきまとうのは、世の常です。それが変化したのは、元号が「昭和」から「平成」へと変わるタイミングと同期しています。本書は、そこに注目します。

ジブリアニメの躍進と日本社会の関係

1990年代におけるスタジオジブリの躍進は、実は「アニメ世代のサイクル発生」に支えられていました。改元を持ち出したのも、それが理由です。

明仁《あきひと》上皇は昭和8年（1933年）生まれ、徳仁《なるひと》天皇は昭和35年（1960年）生まれです。昭和34年、ロイヤルパレードがテレビ受像器の普及に貢献したのは戦後日本史の常識ですが、実は「テレビアニメ第一世代」（1958〜1960年生まれ）の誕生は、天皇家とリンクしているのです。

1958年生まれの筆者の父（故人）も昭和7年生まれでした。テレビ局が始まった時期の新人もこの世代です。年齢的には昭和20年の終戦時、軍国主義から民主主義に大転換した時期に、ちょうど現在の「中学二年生」に該当した。そしてこの年代に、アニメや特撮で突出した作品を生み出したクリエイター、作曲家が多い。失礼を承知で言えば、それは「終戦中二病世代」と呼べるのではないか。思春期の13歳に体験した大きな価値転換が、何か特別なことをなし得る原動力になり、70年代の「中二」を刺激したのではないか。事実、1960年生まれの庵野《あんの》秀明《ひであき》は14歳のとき『宇宙戦艦ヤマト』に巡りあっています。海外の研究者には把握しづらい「世代のサイクル」が日本には存在するのです。

ともあれスタジオジブリ作品は、平成元年（1989年）の『魔女の宅急便』で、大衆的な受容が飛躍的に向上しました。まず鈴木敏夫が「アニメージュ」編集部を離れ、スタジオジブリの専従プロデューサーとなった。公開前にクロネコヤマトなどとのタイアップを強化し、日本テレビとコラボレーションして事前CMで作品露出を高め、特に女性層へのアピールを重視して公開前に出版されたムックも女性誌的に仕立てたのです。プロモート、宣伝面で「アニメ雑誌」から離れ、より広い世間に窓を開いたかたちになりました。

原作は角野《かどの》栄子《えいこ》による児童文学で、主人公の魔女キキは13歳とやはり「中二」に近い年齢です。その歳になったら親元を離れて自立し、見知らぬ人びとの中で「自分にできること」を模索する魔女キキの「魔法」とは「社会に通用するスキル」の比喩《ひゆ》なのです。これが「社会に出たものの自立に不安のある女性層」の心を直撃しました。制作中のジブリ内でも、職業意識の点で女性層にアピールしたと言います。中には「テレビアニメ第一世代」に近い年齢層も多かったことでしょう。本書で注目する「送り手と受け手が接近したとき、次のフェーズへの変化が起きる」は、ジブリ作品では『魔女宅』が契機になっている。そしてこの以前以後で、不可逆な変化が起きたのです。

重要なのは、人間である以上「生命のサイクルの中にある」という認識です。幼少時にテレビアニメで育った世代は、「漫画やアニメへの偏見」がまだ強い世情の中で認められず、親や教師からも何かと抑圧を受けていました。その第一世代が家庭をもち、子育てが始まった。これによって「親にアニメへの偏見や抑圧が少ない家庭状況」が大衆化したのです。史上初の現象です。つまり平成初期に「アニメ観客が二世代化した」結果で、観客の決定的な「若返り」が起きたわけです。

1990年前後は、海外合作の急速な沈下とOVAの行き詰まりで、「マニア向け（コアターゲット）だけでは未来がない」と、アニメ業界全体で見直しが起きていました。年表を見れば、多くのアニメ企画が「子ども向け」からリスタートしているのが分かります。それは特に玩具《がんぐ》販売を主軸とするロボットアニメに顕著でした。

日本のアニメ文化は「回帰」の時期を迎えました。生命のサイクルが、やっと一周したのです。そして一周したからこそ「普遍性のあるクラシック＝ジブリアニメ」が最先端に躍り出た。アニメ観客層の一般化、大衆化が起きて、かつ定常的に日本テレビの金曜ロードショーで、ジブリの贅《ぜい》を尽くした劇場アニメが無料視聴できる環境も整った。「子どもにも自分の良いと思ったアニメを見せよう」と考える母親層の成熟。「持続可能なシステム」の構築が重視される現在、この種の生態系的な検証が重要でしょう。

ここで強調したいのは歴史把握の仕方、「因果の連鎖がサイクルを形成していく」という考え方です。

「創造の場」としてのスタジオシステム

残った⑷制作現場の内製化、⑸スタジオ名のブランド化についても述べておきましょう。

以前説明したように１９７０年代早々、世界的に映画業界の黄金期が終了し、定期的に公開されるプログラムピクチャーを提供できなくなったことで、オールインワンのスタジオシステムによる映像制作が至難となりました。この流れはアニメにも波及し、外注が常態化して作画は作画スタジオ、仕上げは仕上げ会社、美術は背景会社、撮影は撮影会社などなど細分化されていきます。それから約20年が過ぎた時期、『魔女の宅急便』が作られたのです。20年「ワンジェネレーション」、これもひとつのサイクルです。

この映画まで、ジブリ作品も他の多くの制作会社と同じくプロジェクト単位の作り方をとっていました。作画や美術を中心とするメインスタッフが、貸しビルのワンフロアに集められ、制作期間中は作業環境や報酬面を含めて保証されます。しかし制作が完了すれば、即時解散です。企画がなければ脚本も絵コンテも出来ず、具体的な指示のない「絵作り（プロダクション)」のパートは手すきになり、固定費がかさむからです。これはアメリカのディズニーも含め、アニメーションの定常的な商業制作を至難にしてきた構造です。

日本のアニメ業界は1970年代早々、文字どおりの「リストラクチャリング」(構造変革)を行ったわけです。フリーランスと職能別に分割された中小の会社、スタジオが大量に設立され、仕事を融通しあうことで、アニメ業界全体で「ひとつの工場」に匹敵する機能を持った。時には「全日本アニメ会社」などとも呼ばれるシステム、インフラの構築は、アニメが人気商売、流行物であって需要が乱高下するがゆえの生存戦略でした。

しかし、本当にそれでいいのか。東映動画時代は、すべての部署がひとつ屋根の下にいて、歩いて行けば前後の工程を見学したりもできた。作画部門で上げた動画が仕上げ部門でどう扱われ、どんな作業をするべきかなど仕事の連携も学習可能だった。さらに『ホルス』のように全員参加で映画の創造性に奉仕するような、共同作業の理想形も実現できた。もちろんそれは時流や経済的な実情にそぐわないから、淘汰《とうた》されたわけです。だがもし金曜ロードショー(日本テレビ)とビデオソフトによる活況が維持できれば、もう一度、社員を固定化して社屋の中に全部署を抱える「内製」で理想のアニメづくりをできるのではないか。『魔女宅』直後の動きはそう見えます。

宮﨑駿が1991年、新スタジオ建設の提案をした後、原徹はジブリを離れ、鈴木敏夫を中心に経営方針を刷新します。そして数度にわたってアニメーター、演出を拡充していきました。この経済的な後押しとなったのが、ディズニー社との提携です。それによってジブリ作品のビデオソフトの廉価版「ジブリがいっぱい」レーベルが誕生し、先述の「親子二世代鑑賞」を加速しました。こうして『天空の城ラピュタ』『となりのトトロ』は、興行時の不成績を覆したのです。やがてジブリアニメは『ピノキオ』や『ダンボ』などディズニークラシックともども、子育て中の母親たちに認知されていきます。

これと平行して１９９０年代のジブリ作品は高畑勲監督作品の『おもひでぽろぽろ』(91)を代表として「女性観客層」の拡大を続けていきます。そして最終的には「ディズニーとジブリだけは子どもに見せてもいい」と言われるほどのブランド化に成功しました。加えて高畑勲監督の『平成狸合戦ぽんぽこ』(94)で社会問題にも踏み込むなど、「アニメに何ができるのか」という社会的な認知と作家性の先鋭化も果たしていきます。

その流れの最初の頂点は、宮﨑駿監督の『もののけ姫』(97)で、興行収入１９３億円(当時)の新記録を打ち立てました。「宮﨑駿最後の作品」という報道もあり、それも動員を急増させた要因でした。これをスプリングボードとして、『千と千尋の神隠し』の奇跡的な興行成績が実現したわけです。ここに至って「アニメへの社会的な偏見」はかなり軽減されたと言っていいでしょう。

さて次章では「ジブリの躍進」と同時期に起きていた「アニメの緻《ち》密《みつ》化と国際進出」について、述べたいと思います。

第5章 『AKIRA』と『GHOST IN THE SHELL/攻殻機動隊』

アニメの海外進出とメディアの変化

日本のテレビアニメは最初期の60年代からアメリカや諸外国に輸出され、ビジネスとして外貨を稼ぎ、海外の児童にも多大な影響をあたえました。70年代、80年代になると、輸出先で改訂（ローカライズ）が加えられ、クレジットが現地人の名前に置き換わるなど日本製であることが隠される事例も多くなります。とは言え、ロボットアニメや名作アニメなどは日本で独自に発達したものですから、日本製であることに気づくファンも増え始めます。

さらに80年代後半から90年代中盤にかけて、「少年ジャンプ」「少年サンデー」などの原作アニメが主として欧州圏に多く輸出されるようになります。ことに児童向けのテレビショーと日本製アニメをまとめて放送していたフランスでは、日本のアニメクリエイターへのリスペクトが高まり、社会的・芸術的な認知が得られるようになっていきます。アメリカやイタリア、スペインなど諸外国の映画界や学術界からも、改めて評価を受けるようになり、次第に「日本で作られたままの状態で受容されること」が定着していきます。

それは「ビデオソフトの時代」が本格化して実証的な研究が容易になったこと、またアニメが輸出メディアとして本格的に機能し始めたことが、大きく影響しています。電波メディアで地域に拡散される放送と異なり、吹き替えや字幕を加えて、ほぼそのままエンドユーザーに直接届くようになった。それがリスペクトと評価につながったのです。

ジブリ作品や宮崎駿《みやざきはやお》監督の海外評価も、こうした情勢の変化を背景にワールドワイド化したものです。もちろんそれ以前も海外のアニメファンは存在していましたが、好事家《こうずか》に限られていました。それが一般化した時期があるのです。

本章では、この過程で重要な役割を果たした『AKIRA』(88)と『GHOST IN THE SHELL/攻殻機動隊』(95)を核とすることで、日本製アニメの「世界観主義とリアリズム」の発展、ワールドワイドへの拡大、さらにはコンピュータとネットが社会を変革し始め、人の意識が変わる時代性の境界との密接な関連について述べてみます。

「世界観主義」の成熟と次の段階

『機動戦士ガンダム』をきっかけに、「アニメには青年層も信じられるリアルな世界と物語が描ける」という可能性が広く受け入れられました。それは第3章で書いたとおりです。その変化は「子ども向けの〝テレビまんが〟からの脱出」であり、そこでカギになったのが「世界観主義とリアリズム」でした。実際、1980年代に「ガンダム的フォーマット」で続々と登場した作品群には「リアルロボットアニメ」という総称があたえられています。ただし本書で「主義」と呼んでいるのは、作家サイドが自覚的に仕掛けたことを指しているわけではなく、連動して起きた全体傾向のことを指します。

本来は「リアル（現実）」ではなく「リアリティ（実感）」が問題——そんな齟齬《そご》もありました。いくら現実を再現しても、観客が実感を覚えるレベルに到達しなければ意味がない。ですから近年筆者は「リアリティ」だけでは考察が行き届かないと考え、作品世界に没入し、ストーリーとドラマを信じて感動するのに必要な要素を、信頼性や確実性を意味する「クレディビリティ」と呼ぶようにしています。「観客が架空の世界観を信用して自我を預けて没入するための力」です。作り手はいろんなレイヤーを統合してその力を仕掛けてくると考えてください。「世界観主義」の中でも舞台設定や美術にこだわる志向は、クレディビリティを高める手段として年々進化していった。そう考えたほうが推移を把握しやすいのです。

アニメーションは「省略と誇張」により現象をコントロールするのが原則です。動物が話し、手足がゴムのように伸び縮みし、高いところから落ちても死なない。そんな「非現実」にクレディビリティをあたえられる特殊な価値観が出発点でした。カートゥーン、漫画映画、テレビまんがなど古典的な呼称も、「非現実感」とセットになっています。

しかしあえて絵を省略せずディテールを加え、そこに何らかの根拠をもたせ、「描いていること」に意味性を宿らせることもまた、大きな価値を生むのです。つまり「仮想現実のクレディビリティ」を高める志向性です。こうして「アニメならではの特殊世界観」の信頼度が上がり、やがては「世界観をビジネスの根幹にする時代」が始まったわけです。

その「世界観主義」が高い価値に直結するようになった流れとは、どういうものだったのでしょうか。

前章で説明したとおり、「世界観主義」は現実性を尊重する高畑《たかはた》勲《いさお》監督の作品で高度化しました。高畑作品のテレビシリーズにコンテマンとして参加した富野《とみの》由悠季《よしゆき》は、その発想を採り入れたばかりか、『ガンダム』以後に開発したオリジナルアニメ1作品ごとに「その作品だけの特殊世界観」を用意するようになります。広大な宇宙空間を舞台に異星人同士の接触を描いた『伝説巨神イデオン』（80）、西部開拓時代のアメリカに似た荒涼たる惑星ゾラで重機的なメカが活躍する『戦闘メカ ザブングル』（82）、海と大地の間に存在する異世界バイストン・ウェルを舞台に生物的な巨大マシーンが激闘する『聖戦士ダンバイン』（83）、５つの惑星国家が存在するペンタゴナ・ワールドで支配権を巡る闘争を描いた『重戦機エルガイム』（84）と、５年連続、「５つの異世界」を提示したのです。世界観とメイン商材になるロボットの成り立ちをセットで考える点に大きな特徴があり、さらにはジャンル全体への強い影響力を示しました。

富野アニメにおけるこの潮流は、１９８５年に第1作目の世界観を引き継いだ『機動戦士Zガンダム』に至り、いったん収束に向かいます。ですが、他分野のクリエイターにも「世界観から発想する流儀」が拡散した結果、アニメだけではなく、漫画、ゲームなど日本のサブカルチャー全体を「世界観主義」に染めていくようになります。

この「世界観主義」は、1983年末にバンダイが、非アダルトでは世界初のOVA（オリジナル・ビデオ・アニメ）『ダロス』を発売したとき、次のブレイクスルーを招く呼び水にもなりました。連綿と続くテレビ放送と異なり、そのパッケージ内で閉じる「作品世界」がセールスポイントになり得るからです。「月植民地で圧制に苦しむ労働階級の闘争」を描いた同作も、「ガンダム的世界観構築法」の延長です。鳥海永行《とりうみひさゆき》・押井守《おしいまもる》が共同で監督を担当していることも、注目に値します。

それまでのテレビ作品は、放送したら消えてなくなる一過性のものでした。ところが急速に普及した家庭用ビデオデッキが、その保存と流通を可能とする新たなインフラストラクチャーになります。この環境変化を背景に、OVAが誕生した。放送とスポンサーに頼らず、作品自体をビデオパッケージ（ベータマックスとVHS）にして直接ユーザーに届けるビジネス形態です。これは「独立した世界観を商品化すること」でもあります。

OVAの本格化がバンダイから始まった事実も重要です。玩具《がんぐ》など二次商品は「権利をおろしてもらうもの」の点で、下流だったのです。「作品という一次コンテンツ」を玩具メーカーが発信元になって商品化すれば上流に立てる。「雑誌に権利をおろしてもらうのではなく、アニメを発信しよう」と考えた「アニメージュ」と同様、「下剋上の発想」が共通しています。話し合ったわけでもないのに、『風の谷のナウシカ』とほぼ同時多発的に起きた出来事なのは、成熟が次の段階に入った結果でしょう。

しかしながら、1本数千円から時に1万円を超えるビデオソフトを購入するには「理由」（購買動機）が必要でした。初期はスター性の認められたアニメーターや監督のネームバリュー（作家性）が宣伝の中心でした。アニメ雑誌による啓蒙《けいもう》の成果でしょう。それと「反復視聴可能で没入感のある世界観」の価値をセットにOVAはスタートしました。

「世界観への没入の反復」がビジネスになる

1984年は『風の谷のナウシカ』だけではなく、後世に大きな影響をあたえる革新的なアニメが続々と劇場公開された特異点です。押井守監督の『うる星やつら2 ビューティフル・ドリーマー』、河森正治《かわもりしょうじ》・石黒昇《いしぐろのぼる》共同監督の『超時空要塞マクロス 愛・おぼえていますか』など、重要作が密集している年です。

高い評価を受けた作品には「クレディビリティの高い、反復視聴可能な世界観」が共通していました。『うる星2』に至っては「学園祭の開催前日をくり返す」と、作中でも「ユートピア的世界の反復と閉塞《へいそく》」が描かれていて、そこにメタ的な意味を見いだすことすら可能です。「作家性の発露」の本質は、単なるストーリーやキャラ描写の巧拙、テーマの社会性だけでは読解できず、「ビジュアル化された世界観」と不可分な状況になっていたということです。小説、漫画で描くことが至難な、言語化しづらい高次の価値観を喚起するアニメ。その価値を宿す要素のひとつが「世界観への没入」——それが、決定的になったのです。

これは1983年に発売されたファミリーコンピューターにより大衆化したゲーム文化とも合流し、さらなる進化と発展を始めます。1986年、「世界観と物語」をセットで内包したRPG『ドラゴンクエスト』がリリースされ、アニメとも互角、あるいはそれ以上の世界観没入と反復を誘うゲームが誕生する。発展のプロセスが同期しているのです。

1982年ごろまでの作品群と比較すれば、「映像世界の重み（密度感）」という定義によるクオリティ、観ている間の居心地の良さが、この時期に年々急速にステージアップしたことが分かるはずです。映画ビジネス全体も「ビデオ前提」の激変が同じ時期に始まっています。公開から間をおかずビデオパッケージ化され、作品によっては劇場の売店で鑑賞したばかりの映画を土産に持ち帰ることが可能になりました。Blu-rayの同時発売でイベント上映の劇場全体の収益を確保する、近年の「スーベニア・ビジネス」の先祖です。

ビジュアルによる世界観没入が快楽になった果てに、やがて深読みできる寓意（いわゆる謎解き）が問題にされ、それもまた価値に発展します。この傾向は1995年『新世紀エヴァンゲリオン』で決定的になります（次章で触れます）。

1984年の作品群では、劇場版『超時空要塞マクロス』が「世界観主義のフラグシップ」的な役割をはたしました。アニメ雑誌用の版権イラスト並みの密度感のまま映像になって動く「クオリティ主義」が、作品世界への没入を可能とするクレディビリティを一段と高めたのです。そこには「意図的な方針転換」もありました。それまで「メカニックデザイナー（またはメカニカルデザイナー）」とクレジットされていたスタジオぬえの宮武一貴《みやたけかずたか》が、「プロダクションデザイン」を名乗った。注目に値する事件です。

これは、ハリウッド映画などでは一般的な呼称でした。キーになるビジュアルを美術的に提案し、セットを中心として役者以外の被写体、主に「映画世界を構築するパーツ」を統一的にデザインする役職のことです。美術監督と領域が重なりつつ、より上位の「コンセプト」を設計します。『ホルス』における宮﨑駿の役割にしても、これに近いものだったと考えると納得できるかと思います。

宮武は河森正治監督と共同で、テレビ版からの設定変更に「コンセプトを視覚化するアプローチ」で対応しました。劇場映画はテレビよりも圧倒的に尺が短く、しかも「始まりと終わり」がある。テレビシリーズには「巨人族ゼントラーディ軍と監察軍が銀河系レベルの大戦争を数万年単位で継続していた」という背景設定がありました。全長1・2キロメートルの超巨大ロボットに変形するマクロス艦は、監察軍の漂流戦艦を地球人が無断で改造したものです。ところがオーバーテクノロジーの全容を解析できなかった結果、勝手に迎撃兵器が作動し、結果的に接近していたゼントラーディ軍と交戦状態に入ってしまう。

「劇場版」ではこの導入をスキップし、「すでに交戦状態にある時点」から話を始めています。ナレーションなど「言語の力」を使うと、映画への埋没を導く初期の臨場感が減衰する。それゆえ「監察軍」の設定を除外し、巨人族を二分し、対立構造を視覚化したのです。クローン生殖による男女に分かれた軍が超長期の宇宙戦争をしている。これが新設定です。その変更を宮武のプロダクションデザインで視覚化した点が画期的でした。男性兵士のゼントラーディ軍は植物や海棲《かいせい》生物などバイオテクノロジー的なデザインとなり、戦艦や内装、武装も曲線中心の構成をとっています。対する女性のメルトランディ軍は、金属やクリスタルで構成されたシャープな直線中心です。両者が画面に出たとたん、文明の成り立ちや種族のメンタリティの違い、対立が一瞬で視覚的に伝わる……。

ということは、「世界観が根底から異なるから戦争になった」わけで、この前提が一瞬で読みとれるわけです。世界観を徹底的に美術デザインへ反映させたことで、伝達効率が向上した。それに留《とど》まらず、細密化された映像には上位の読解を必要とする情報が練りこんでありますから、読解できた観客の満足度が高まります。ビジュアルは言語とは異なる階層で伝わるため、海外の観客からも注目され始めました。

やはり「ビジュアルで世界観を主張する」方向の進化が、海外からの評価を招き始めたとしか考えられません。「情報を濃縮し、言語（セリフ）ではなく映像で伝える作法」は、世界中の映画黄金期、重要かつ格式の高い方法論とされてきました。特にそれはスタジオシステムが活《い》きていた1970年ぐらいまでの古典的な名作映画において顕著です。日本のアニメの高評価は、ハリウッド映画人など映画的リテラシーの高い論客からのものが多い。それは、映画的作法によるクレディビリティと没入度の高い世界観伝達が行われていて、そこに一種の批評性が宿ることすらあるためです。

今日、ゲームも含めて量産されている「反復して楽しめる世界観主義作品」は、こうした試みの積み重ねによる成果なのです。

「ハイテク日本」のイメージと「世界観主義」

プロダクションデザインによる「世界観主義とリアリズム」は、1987年3月14日公開、バンダイ製作、ガイナックス第1回作品『王立宇宙軍 オネアミスの翼』（山賀《やまが》博之《ひろゆき》監督）でひとつの頂点を迎えます。架空の惑星で発達した文明世界を設定し、初の有人宇宙飛行を達成する若者たちを描く群像劇で、「世界全部を生活様式ごと構築する」点において「アニメに何ができるか」を極めた記念碑的作品です。本章ではこの簡単な説明にとどめます。

ハード志向のアニメが海外で評価される理由と「世界観主義とリアリズム」には深い関係がある。しかもそれには「日本の時代性」も作用しています。「日本製アニメは子ども向けではない」と注目されたきっかけは、ＳＦ作品でした。竜の子プロダクションが製作した『超時空要塞マクロス』(82)、『機甲創世記モスピーダ』(83)、『超時空騎団サザンクロス』(84)の3本のテレビアニメは、ひとつの『Ｒｏｂｏｔｅｃｈ(ロボテック)』という「雑多な世界観を統合した壮大な物語(サーガ)」に再構成され、多くのファンを生みました。アメリカでの放送は１９８５年3月からです(劇場版『マクロス』の翌年)。

この時期は自家用車、電化製品中心に大量の「メイド・イン・ジャパン」が全米を席巻《せっけん》していました。日本の電機メーカーがビデオデッキなど映像機器の発展に「ソフトウェアとしての映画」が欠かせないとしてハリウッドのメジャー映画会社を買収した結果、それは米国社会から「脅威」と認識されます。輸入超過対策として規制法案「スーパー３０１条」を成立させ、排斥を試みたほどです。一方で日本製品の技術力や品質を評価する市民も多く、日本は「ハイテク(ハイ・テクノロジー)」のイメージで語られ始めます。

アニメもまた雑誌で「日本製ハイテクアニメーション」と呼ばれたことがありました。現在の用語「ＡＮＩＭＥ」にも「ハイテク、ハイクオリティ」の印象があります。80年代のアメリカの映像業界では「日本にアニメを発注すると、依頼した以上のクオリティで仕上がる」という評価が高まりました。こうして日米合作（実際は日本が下請け外注）の作品が増大した結果、日本のオリジナル作品制作のリソースは圧迫されていきます。

１９８４年ごろに劇場で画期的な作品が生まれる一方、広く浅く雑多なオリジナルアニメがテレビで放送されて大衆化する傾向は、むしろ退行していきました。

大友克洋のもたらした新しいリアリズム

合作でベテランが手薄になった結果、初期ＯＶＡは若手アニメーター、監督の作家性を重視し、結果的に実験場のようになりました。「アニメ好き」を動機に業界へ来た若手クリエイターにとっては、世代交代のチャンスです。手間のかかるディテールの描きこみもいとわず、体液や血しぶきを描くエロやグロなどの細密表現もテレビコードを離れることで可能になりました。それら諸作は文芸的に浅薄だと評されることも多々ありましたが、自由度を獲得した結果、現場のポテンシャルは着々と上がっていきました。またここにも「下剋上《げこくじょう》の構造」が見えます。

そうしたハイテク、ハイクオリティの試行を経て、あらためて「緻密《ちみつ》でリアルなアニメのすごさ」を集約し、大衆向けの形で提示したのは、大友克洋《おおともかつひろ》原作・監督のアニメ映画『ＡＫＩＲＡ』です。公開は１９８８年7月16日、アニメーション制作は東京ムービー新社で、本作専用に「ＡＫＩＲＡスタジオ」を起こして中核スタッフを集める体制を組みました。

ポイントを2点に絞りましょう。ひとつは大友克洋という作家がアニメへもたらした「世界観主義とリアリズムの強化」です。もうひとつは「若手クリエイターへの影響」です。本作が１９９０年代に起きた「ハイクオリティ時代」の呼び水となった。これは筆者なりにムックなどの取材を通じて得た確信です。

まず漫画家としての大友克洋について、簡単に説明しておきましょう。大友は戦後漫画文化史上、手塚治虫《てづかおさむ》と並び称される〝変革者〟（イノベーター）です。後進にあたえた影響力と国内外の文化芸術交流という観点で、トップクラスの重要人物です。手塚は「漫画の画風」の点でディズニーのアニメーション映画とキャラクターから大きな影響を受け、後進のトキワ荘グループの漫画家たちとひとつの潮流を形成しました。それらとは別に「劇画の画風」、あるいは「アメリカンコミックの画風」もありましたが、これらすべてと異なる「純国産のリアル画風」を、大友克洋は提示したのです。

70年代後半からの初期大友克洋漫画では、「日本人を日本人らしい顔と頭身で、しかも格好良く描く」という点が高く評価されました。それまでのキャラクター描写は、漫画もアニメも「彫りの深い容姿」にしがちで、「欧米人コンプレックス」「無国籍」との評もあったのです。大友キャラの関節や筋肉、あるいは表情変化やアクションでは「解剖学的正確さ」が意識されています。その正確さが「日本人らしさ」に向いた結果、「省略と誇張」で記号化されてきたキャラとは異質で新鮮な「美意識」が誕生したのです。

その「リアリズムの発想」は衣類につくシワなど細やかな材質感にまで及び、さらには作品世界全体をひとつの価値観、美意識に染めています。これもまたひとつの「世界観主義」なのです。

『ＡＫＩＲＡ』の高めたリアリティとクオリティ

『ＡＫＩＲＡ』の直前、大友克洋は超能力バトルを扱った長編漫画『童夢《どうむ》』（１９８０年連載開始、１９８３年単行本で完結）を発表しています。その中でサイコキネシス（念動力）を受けた老人が団地の壁に押しつけられ、苦悶《くもん》する描写が話題となりました。壁の亀裂《きれつ》と全体の穴が、半球状になっている。これが斬新な表現だと評価されたのです。超能力も力場のひとつなら影響範囲は等方向に及び、作用された壁面は球形に凹《へこ》む。科学的考察に支えられたリアリズムが新しいビジュアルを生み、衝撃を呼んだ。この発想は大変革でした。

この種の「大友克洋的リアリズム」を言語化するなら、「緻密さと正確さ」に集約できます。ふたつは独立しておらず、連動して驚きを発生させる仕掛けです。

たとえばビルの個々の窓や複雑な機械類の細部を略さずに描く。これが「緻密さ」です。

そして「あるものをあるがままに描く」という類《たぐい》の「正確さ」は、それだけなら高畑勲的なリアリズムと同質ですが、大友はそこに「背後の理屈を伝達可能な構造」を持ちこんだのです。ビルが崩れるなら固定されていた窓ガラスは圧力で割れ、コンクリートにはヒビが入り、中から鉄骨が見える。ガラスとコンクリートでは材質が違う。構造で割れ方は異なる。

これは科学的な分析と観察による「構造の正確さ」なのです。科学者やSF作家の思考に共通するものでもあります。その点では大友以外にも共通して見いだせる進化です。『超時空要塞マクロス』ではアニメーター板野《いたの》一郎《いちろう》が類似の発想で作画していましたし、その発想はアニメーター時代の庵野《あんの》秀明《ひであき》がより研ぎ澄まされた様式で継承しました。〝SF的な眼〟で事物や現象を再定義する点では、『宇宙戦艦ヤマト』のアプローチとも通底しています。漫画が得意とする「記号的表現」に限界があるなら、それを越えていこうという運動、「イノベーションの発想」が共通しているのです。だからこそ、これらが時代を変えた作品群として注目に値するし、「ひとつの系譜」が確実に存在しているのです。

さて大友克洋が自作の漫画『AKIRA』を監督としてアニメーション映画化する——と報じられたとき、漫画家としてはともかく、アニメ監督としてはどうなのかと、不安視する声もありました。しかしもともと大友が映画志向の漫画家であったこと、そしてディズニーや初期の東映動画による長篇漫画映画のファンであった結果、スタジオジブリとは違うかたちで「フルアニメーションの自然主義」を再生し、リアリズムの強化によって、表現を進化させる結果となりました。

アニメ監督として大友克洋が担当したのは、絵コンテ、レイアウト、原画、作画修正などなど……端的に言えば「宮崎駿監督と同等の範囲」です。それゆえ東映動画・虫プロと続いてきた2つの流れに「大友克洋的リアリズム」が加わることで、「日本独自のアニメ様式」が完成したとみることが可能なのです。「昭和最後の大作」として起きた改革であり、前章で述べた「改元との同期」があるのは偶然とは思いがたいです。

『AKIRA』を漫画からアニメ映画にするとき採択したアプローチをピックアップすると、やはり「緻密さと正確さの意識」が際立ちます。細かいパイプ類やビルの窓などを省略しない細密さを追求した背景美術、リップシンク（セリフと口の動きの同期）をふくめたフルアニメーション志向の作画法……。すべてに「緻密さと正確さによる迫真」の点で統一性があります。少年時代の大友克洋は東映動画の長篇漫画映画の中でも大工原章《だいくはらあきら》の絵柄が好きだったと言います。大工原がメインアニメーターをつとめた作品では特に『西遊記』（60）が好きで、アキラ少年の顔は同作の小鬼がモデルだと、筆者が司会したトークイベントで語ったほどです。その視点で大工原キャラを再点検すると、たしかに腕の関節やくるぶし、切れ長の目など大友キャラに通じる構造的リアリズムが見えます。ですがこの継承は意外に初期東映動画の研究者にも知られていません。

アニメーションとして動き出した大友克洋キャラは、むしろフルアニメの自然主義的なボディランゲージ混じりの演技をしています。メインスタッフの一部も漫画版のようにイラスト的な止め絵を駆使すると予想していたようで、「こっちの方向性で行くのか」と驚いたくらいです。ところが、結果的に「フルアニメに近い様式が発生させるリアリティ」が宿ったからこそ、アニメ版『AKIRA』は全世界で受け入れられたのではないかと、今では考えています。特にアメリカではリップシンクが重視されていますから、日本製アニメに対する障壁を下げたかもしれません。

後年への影響で決定的だったのは、「レイアウトの〝緻密さと正確さ〟」です。背景とキャラクターの位置関係は「絵」として考えれば、ある程度ごまかしがききます。特に漫画は「そのコマ内」で成立していればいい。しかしアニメ映画には「連続した時空間」が必要です。そこで「本物のカメラで撮影したらどうなるか」とリアリズムでシミュレーションし、完成画面の設計図としての精度を高めた上で、レイアウトの重みを増したのでした。

現存するレイアウトの何枚かには「V・P」という指示が書き込まれています。透視図法（遠近法）による「消失点（Vanishing Point）」のことです。工業図面に通じる正確さで設計した背景原図に、関節や筋肉の解剖学的正確さを意識したキャラクターが乗って、正確な軌道と遠近感をともなって動き回る。それによって映像の中に「立体的に正確な時空間」が生まれる。その空間の積み重ねが、より「緻密で正確な世界観」を醸成し、クレディビリティを高めていくのです。

アニメ演出も映画の文法がベースですから、標準・広角・望遠などレンズの焦点距離の選定を意識した「画《え》づくり」は前々から行われてはいました。大友克洋監督は、そこに「何ミリのレンズで撮った画」を疑似する点で、正確性を高めたのでした。

リアリズム方向への意識改革はイノベーションですから、『AKIRA』単発では終わりません。ちょうど合作アニメの全盛期で、ベテランスタッフがあまり獲得できなかったこともその継承発展に関係があります。作画監督のなかむらたかし、作画監督補の森本晃司《もりもとこうじ》のもとには、当時20代から30代前半の情熱的な若手中心にアニメーターが集まったのです。ちょうど若手が勢いのある作画のOVAを作っていた時期とも合致します。その若手の一部は、次の目標を探していた。そして新しいリアリズムに触れた当時20代のアニメーターたちが、90年代に入って30代の働き盛りとなってさまざまな現場で精力的に活躍するようになり、全体を触発していきました。

90年代に「ここまで描くのか」と慨嘆するような、「緻密さと正確さ」を追求した「リアル系アニメ」が多く生み出され、果ては「クオリティ戦争」のようにさえ言われたのは、これが大きな原因です。森本晃司、井上俊之《いのうえとしゆき》、沖浦啓之《おきうらひろゆき》、北久保《きたくぼ》弘之《ひろゆき》たち「ＡＫＩＲＡ組」と呼べるスタッフが、こうした価値観を伝搬した代表格です。

押井守監督による作家性の発動とその結末

このように「世界観主義とリアリズム」が一大潮流だと仮定することで、大きな流れとつながりが見えてきます。そしてその潮流が高まり、結果として「日本のアニメはここまでやるのか」と、驚きをもって国外から本格的に評価される〝核〟となった作品が、90年代中盤に登場します。それが押井守監督によるアニメ映画『GHOST IN THE SHELL/攻殻機動隊』です。

日本公開は１９９５年11月18日。北米でのビデオセールス（劇場公開ではなくビデオスルー形式）を前提に MANGA ENTERTAINMENT 社が出資に加わっていました。そして１９９６年、全米チャートを報じるビルボード誌上で、日本の映画としては異例の発売週第１位を記録しました。これが北米のマニアに「ジャパニメーション」と呼ばれていた日本製アニメの認知度を、一般大衆と世界レベルにまで押し上げる契機となったのです。やがて海外での呼称も「日本の略語（和製英語）」を尊重した「ＡＮＩＭＥ」へと推移していきます。この「日本へのリスペクト」が海外での過去のアニメ受容と、もっとも異なる点です。

そのリスペクトの代表は、映画『マトリックス』（99）への影響です。緑色のコンピュータ文字が躍るグラフィック処理、主演キアヌ・リーブスのうなじに見える４連コネクタ端子、銃弾がコンクリートをぶち抜いて破片が乱舞する映像など、強い既視感を覚えます。そして『攻殻機動隊』と日本製アニメへの強いリスペクトも、この映画を皮切りに盛んに報道されるようになります。

80年代までの日本のＳＦアニメは、『スター・ウォーズ』（77）の戦闘映像や『ターミネーター』（84）の骸骨《がいこつ》型ロボットなど、ハリウッド映画から影響を受けた事例が多々ありました。その「米→日」だった影響関係の矢印が反転し、「米←日」となり始めたのです。アメリカの観客が飛躍的に増えた結果、ＶＨＳテープ、普及途上のＤＶＤを媒体に、過去のアニメ映画、ＯＶＡと多くの作品が輸出されていきます。90年代末、訪米機会の多かった筆者は、西海岸中心に30軒以上のビデオショップで「Sci-Fi《サイファイ》」（ＳＦ映画）と並んで「ＡＮＩＭＥ」またはは「JAPANESE ANIMATION」が同じ大きさの棚に並べられている事実を確認しました（「JAPANIMATION」は皆無です）。この飛躍的な輸出拡大を背景に、押井守監督は海外でも「作家」として認識され、学術的な研究書が刊行されるまでに至ったのでした。

この先は押井守の作家性ではなく、本書で語ってきた歴史で「もっとも美味《おい》しいところ」を押井監督が集約し、海外に伝えた点に着目し、むしろ時流の中でのタイミングやポジションにこそ特徴があるという前提で、話を進めてみます。

日本の著名なアニメ監督には、世代のボリュームゾーンが大きく2つあります。ひとつは宮崎駿監督、富野由悠季監督を筆頭とする1940年代初頭生まれ。もうひとつは河森正治監督、庵野秀明監督を代表とする1960年前後の生まれです。前者は太平洋戦争開戦年に近く、就職は本格的テレビアニメ『鉄腕アトム』（63）のスタート時期です。後者の世代はテレビの急速普及期で物心つくころ、その『アトム』を見始め、1980年代初頭に成人して「アニメ好きで業界に入った世代」です。両者はおよそ20年、ワンジェネレーション差なので、文化的なサイクルにおける親子関係と解釈可能です。

ところが押井守は、そのどちらにも属していません。中間の1951年生まれで、特にアニメ好きではないのに業界入りした点に世代的な独立性があります。ラジオディレクターを経て竜の子プロダクションへ演出家として入社、出世作はスタジオぴえろに移籍後の初監督作品、高橋留美子《たかはしるみこ》原作のテレビアニメ『うる星やつら』（81）でした。これは「美少女アニメブーム」の源流のひとつですが、押井監督の最初の2年間ではアニメへのアレンジが異色なため、押井監督の作家性が注目され、同時に原作ファンからバッシングも受けました。

2本目の劇場版『うる星やつら2 ビューティフル・ドリーマー』（84）では、さらに原作から大きく逸脱し、脚本も兼務した押井守監督は作家性を全開にします。「アニメ世界」の上にさらに「終わりのない夢の世界」と、重層的な虚構を構築し、衝撃をあたえたのでした。「終わりなき文化祭前夜」の設定で娯楽性を担保しつつ、数々のメタな映像トリックを仕掛けて観客に幻惑感をあたえ、虚実皮膜を揺さぶる。タイトルにもなっている「夢」も世界観に関係がありますし、アニメの「虚実の世界観を容易に転換できる特性」を活《い》かした点で、「世界観主義」の系譜における重要な成果と位置づけられます。

押井守は「アニメージュ」でも「アニメ作家」として注目されていきます。であれば、その「作家性」で成功できたのか。そこは宮﨑駿監督と対照的です。翌年に鈴木《すずき》敏夫《としお》プロデューサーと組んだ徳間書店のOVA『天使のたまご』(85)は、押井守がやりたいことをやり、作家性を全開にした結果、大失敗してしまい、「作家性で売るOVA」の方向性に否定的な結果を出しました。そればかりか「わけのわからないものを作る監督」のようにアニメ業界内で警戒され、一時的に仕事が皆無となったほどでした。

それを救ったのが、OVA『機動警察パトレイバー』(88)という流れも運命的です。これは「もし警察に巨大ロボットが配備されたら」の発想の点で「世界観主義のリアルロボット路線」ですが、現在隆盛の「お仕事コメディ」の方向へ振った作品です。出渕裕《いづぶちゆたか》(メカデザイナー、プランナー)、ゆうきまさみ(漫画家)、高田《たかだ》明美《あけみ》(キャラクターデザイナー)、伊藤《いとう》和典《かずのり》(脚本家)に押井守監督を加えたクリエイター集団「ヘッドギア」が〝ユニット制の原作者〟だったことも、「オリジナルアニメ」の新たな試みでした。

「警察用ロボットという大ウソを信じられるものにするため、それ以外は全部裏づけのあるリアルなものとする」と、SF的な世界観構築の点でSF読みでもある押井守の感覚とマッチし、一躍人気作となっていきます。現在「アーリーデイズ」と呼ばれている最初のシリーズは全6話（後に1話追加）なのも要注目です。テレビシリーズはシーズンごとに1クール12～13本単位ですから、「2分の1クール」に該当する。つまりテレビ的なコストダウンを見込んで販売価格を抑える企画でもあり、その点で90年代終盤からパッケージ販売前提で流行した「深夜アニメ」の先祖にもあたる重要なシリーズなのです。

リアルタイム的批評を持ちこんだ劇場アニメ

押井守の評価は、1989年の映画『機動警察パトレイバー the Movie』で大きく飛躍しました。「東京の現在（劇中では90年代末）」を舞台に、批評的視点を持ちこんだのです。その手段として写真家・樋上晴彦《ひがみはるひこ》に「コンセプト・フォト」を依頼し、東京の風景を水路からの視点でとらえるロケハン（ロケーション・ハンティング）を敢行した。「世界を見つめる視点」は「世界観」の一部ですから、そこをスライドすることで批評になる仕掛けですし、押井守が世界観コントロールの重要性に自覚的だったことも分かります。絵のイメージボードよりも現実的な都市ディテールを求めた点が新しく、モノクロ写真で切り取られた実景を根拠にすることで「緻密さと正確さ」による「世界観主義」を更新したのです。

すべてが80年代の風景ではなく、さらに写真集などを参考にして「すでに壊された東京の古い風景」を混在させることで「虚実」を曖昧《あいまい》にするテクニックも併用されています。それまでアニメのロケハンと言えば、外国の風景や特殊な建物、設備など「非日常」をターゲットにするのが常でした。ところが「身近な実景をカメラマンの目でとらえ、別の視点で存在感を作中に取りこむ」という点が斬新でした。「異化効果」を狙ってのことですが、結果的に現在の「聖地巡礼ブーム」にも大きな影響をあたえたと考えています。

この方法論が「日本の自画像」として使われたことも興味深いです。高畑勲・宮崎駿両監督も1988年の『火垂るの墓』『となりのトトロ』を作るにあたり、それまで外国もの、無国籍もの中心だったことを反省し、「日本を描くこと」に注力したのですから、志向性が同期しています。「世界観主義とリアリズム」が「日本そのもの」に向かったとき、自画像に「批評眼」が宿ったという点で、この作品は重要なのです。

同作は「コンピュータ時代の犯罪」「犯人はこの世の者ではない」という2点で、後の『攻殻機動隊』と内容的な接点を持っています。「レイバー（巨大ロボット）の動作を制御するOS（オペレーティング・システム）に仕掛けられたコンピュータウイルス」によって東京全体を破壊する。だが、それを企図した犯人は映画冒頭で自殺してしまった。中盤、先述のロケハンを反映した背景美術と音楽の中、刑事たちが無言で捜査する長いシークエンスがあります。「古い風景が破壊されて高層ビルに置換される東京、無秩序を排除して建つ無機質な都市への異議申し立て」が犯人の真意であると、セリフのない映像から伝わってくる。ビジュアルが犯人の批評性を主張しているわけです。

この「美術に語らせる映像」は、ここまで述べてきた「レイアウト」（美術と作画を連携させる設計図）に、演出意図を凝縮させる方法論の最たるものです。「作品世界に没入させる効果（クレディビリティ）」は、こうして時代を大きく先取りしたテーマを「あり得ることだ」と観客に得心させるレベルにまで高まったわけです。

バブル経済崩壊は映画公開の2年後、ＯＳやインターネットが大衆的な言葉となって、ウイルスが社会問題化するのは6年後の「ウィンドウズ95」（マイクロソフト社のＯＳ）の時期ですから、その批評眼と先見性には卓越したものがあります。それは根拠を積みかさねた理屈と仕掛けによって支えられた「世界観コントロール」の成果であり、アニメ映像でしかなし得ないことであると、ここで強調しておきます。

「日本の自画像」の次の段階

「世界観主義」の訴求力を「レイアウト主義」によって確保する姿勢は、１９９３年の続編『機動警察パトレイバー2 the Movie』で完成します。前作の元請けはスタジオディーン、現場はＩ＆Ｇ竜の子でした。後者が改称して I.G TATSUNOKO（後の Production I.G）となり、この作品からは出資（製作）にも参加して収益の分配を受けるようになります。「世界観主義」「緻密でリアルな描写」が「作家性」に合流することで、ビジネスの要素へと高まった。これも時代の変化を象徴しています。

『パトレイバー2』の主題は「日本と戦争」となりました。さらに湾岸戦争以後の「映像時代の戦争」と「自衛隊の海外派遣」など、当時の時事を背景にした点で現実味も増しています。押井監督は「ＣＧはミサイル内蔵カメラの映像やレイバーのモニターなど、作中人物がＣＧだと認識するもの」と、質感の差に配慮した合理的な発想を打ち出します。まだ精緻なＣＧが高価だった経済的な理由もありますが、これは「観客が何を手がかりにクレディビリティを獲得するか」に配慮した方法論です。この発想はデジタル制作以後のＳＦアニメで独立した役職「モニターグラフィックス」を成立させる原点になります。

本作は「レイアウト主義」によって演出がクオリティ・コントロールを推進する方法論を徹底したことでも歴史的作品となりました。レイアウト自体は古くからあるツールですが、後に世界的なアニメ作家として知られるようになる今《こん》敏《さとし》をふくめ、専門のレイアウトマンを作画作業に先駆けて用意し、時間をかけて入念な演出的調整を行ったのです。レイアウトを固めた後に原画へ入ったため、作画スケジュールのほうが短かったと言います。このレイアウトに解説コメントをつけた「ＭＥＴＨＯＤＳ　押井守・『パトレイバー２』演出ノート」（角川書店）が出版され、これがアニメ制作現場でマニュアル的な存在となった結果、「レイアウト主義」は業界標準的な作法となっていきます。逆にＯＶＡ初期のようなアニメーターによる作画の暴走は抑制されることにもなり、演出の主導権が強化されました。

アニメーション映像の特性上、ひとたび撮影されてしまうと、エラーなど「こうすれば良かった」と思っても、逆戻りは至難です。「リテイク」は出せますが、せいぜい撮影素材に簡単な手を加え、カメラワークを変更する程度で、作画や背景を根底から修正することは作り直しに等しい。だからレイアウト段階で中核スタッフが入念にチェックすることで、クオリティが効率的に向上するという理屈です。最終的な被写体の大元が全部記されているため、専門職なら完成映像が見えますし、そこで「演習」を重ねることで「戦闘の確度」をあげる軍事的な発想です。その結果、クオリティを含めた仕上がりの主導権はアニメーターから演出家に移りました。「ハイ・ディテール」な映像も、どれぐらい描き込むのか、逆に密度を抜くのか、その判断は全体を掌握している監督と演出家に委《ゆだ》ねられます。

押井守監督はアニメ雑誌の刊行によって、高畑勲・宮﨑駿コンビによる『アルプスの少女ハイジ』で行われた作り方を学習したと語っています。それを整理体系化し、レイアウトの事例を掲載するとともに、演出的判断の理由や暗喩《あんゆ》に至るまで、押井守監督が現場発の言語で整理した書籍が「ＭＥＴＨＯＤＳ」なのです。「レイアウト」は実写映画ならキャメラマンの仕事を疑似したツールですから、「被写体を見る視線」の点で「世界観主義」を具現化できる理屈です。そして日本のアニメに内在していた「映画志向」とも合致しています。それを誰にでも使える方法論（メソッド）に高めた。これによって日本製アニメの「世界観主義」と「映画志向」はいったん完成形を迎え、業界全体でクオリティのさらなる高みをめざすようになっていったのです。

インターネットの本格普及によるサイバー時代

以上をふまえて、『GHOST IN THE SHELL/攻殻機動隊』の話題に戻りましょう。公開された１９９５年は、阪神《はんしん》・淡路《あわじ》大震災（１月17日）、オウム真理教による地下鉄サリン事件（３月20日）と、社会を騒がせる事件が続発しました。不穏な空気感を反映したテレビアニメ『新世紀エヴァンゲリオン』も近い時期（10月４日）にスタートしますし、ウィンドウズ95日本版発売（11月23日）によるパソコンとインターネットの本格普及時代の始点も、この年です。１９８４年に大きな時代の節目があったとして、約10年後のここにも大きな節目があるのです。

原作は「アップルシード」など先駆的な作風で知られる士郎正宗《しろうまさむね》の漫画「攻殻機動隊」（89）です。人体の各器官を機械化された「義体」に置き換え、電脳を内蔵してネットワーク化することが一般化した未来社会（西暦2030年代を想定）のサイバーパンク作品でした。情報化技術の発達で複雑化した特殊犯罪やテロ活動に対処すべく、軍事技術を転用した武装を有するサイボーグ公安捜査官たちが、ネットワークと電脳経由による情報交換を重ねながら、難事件に対応する……。基本構造はポリスもの、SFアクションで、レイバー犯罪を警察用レイバーで解決する作品『パトレイバー』に通じるコンテクストもある。現在、この種の「サイバー犯罪もの」は海外から見た「ANIMEの重要ジャンル」になっています。

主人公の草薙素子《くさなぎもとこ》は、「少佐」というコードネームで呼ばれる凄腕《すごうで》の女性捜査官です。「戦うヒロイン」が時代を変えていく点は、『ナウシカ』と同様です。電脳装備と格闘技を駆使し、犯人を容赦なく徹底的に追い詰める、戦闘プロフェッショナルのクール・ビューティー。同時に脳殻以外の生身をほとんど喪失した結果、アイデンティティの揺らぎも生じています。この「自分探し」も、時代の空気とマッチしました。

そして最終的には素子の〝人間の自意識〟と〝ネット上に生まれた自意識・人形つかい〟が融合することで、新しい環境の中で起きた人類の進化を予感させつつ映画は終わります。

当時のインターネットは拡大を始めたばかりですが、スマートフォンを手にして無線による常時ネット接続とコミュニケーションが可能となり、AIによる社会変化が急進しつつある現在のほうが、身近に感じられる描写が多くなったはずです。またも押井守監督は、「予見的で批評性のある作品」を世に問いかけたのでした。

アニメ映画は視覚伝達の点で、漫画よりも国境を越えやすいメディアです。しかもこれまで述べてきたアニメの「世界観主義」は「ハイテク社会に生きる日本人は未来をどう予見しているか」と、思想・哲学でさえビジュアルで提示可能なレベルに達した。ハリウッド映画界の監督、俳優、あるいは欧州の映画批評家が強く反応し、評価をしたのは、そこを見抜いたからです。

『パトレイバー』の応用編としての『攻殻機動隊』

本作の制作手法は前2作で開拓された方法論の応用編であり、総決算的な側面があります。まず『パトレイバー1』の継承としては樋上晴彦の「コンセプト・フォト」によるロケハンが、1997年に中国返還を控えた「香港《ホンコン》」(当時英国領)の雑然たる九龍《クーロン》地区で行われました。「中華風水没都市」を日本に見立てる異化効果に加え、遠近感を喪失させて予算不足を補う。漢字で埋めつくされた看板が層をなす街並み、人であふれて活気づく市場、薄汚れたビル群を滑るように降下していく航空機など、香港の現実から猥雑《わいざつ》なディテールあふれる世界観をサンプリングしています。

CG導入に関しては、日進月歩の時期に相当します。1995年は、初のフル3DCGアニメーションによる長編映画『トイ・ストーリー』(ピクサー製作、ジョン・ラセター監督)が公開された年です。『攻殻機動隊』ではCG予算が潤沢ではないため、限定された用法で「セルアニメ表現の限界をCGで乗りこえる方向性」を採択しました。

オープニングの義体構築シーン、電脳によって視覚認識されるターゲット、サーモグラフ、ナビゲーションなど電脳視界の映像では、『パトレイバー2』を継承した発想で3DCGをローコスト化して使っています(一部2Dとのハイブリッド)。他は2D用撮影台の限界を超える用法でCGを使い、観客の没入感を高める。看板類は背景画に漢字のフォントをペーストしてディテールを増し、プレジャーボート上の素子と背景のビルを逆方向にズームして歪《ゆが》めるカットでは、アナログ撮影台では至難な奇妙な移動感を与え、内心の疑念や疎外感を浮き彫りにしています。ラスト間際、鏡に映る素子の新しい義体へとカメラが寄るカットでは、アナログでは至難なサイズ比の拡大と長回しを実現して緊張感を高めました。

制作上のテクノロジーから伝わる視覚印象の差を、本編内のテクノロジーの差に投影する演出も斬新でした。ビルからダイブする素子が「熱光学迷彩」で消える有名なカットでは、公安では最高級品の装置が採用されているという設定により、コンピュータ処理で周囲の光を複雑に歪めています。一方、銃を発砲しながら逃げるテロリストは旧式装備のため、アナログ撮影台における光学処理を適用しています。コンピュータ映像が高級であった時期、表現そのものの落差を劇中装備の性能と価格差に反映させる理屈で、これも「世界観のギャップ」による表現なのです。

そしてもし「手描きのアナログ手法」が「生身」にたとえられるとするなら、そこには「異物としてのデジタル」が入ってくるとき生じる落差がある。これは「アニメのサイボーグ化」とみなすことができるのではないか。「表現と内容の一致」が作品世界の根底を支えている。だから、全体のテーマである「新旧の融合がもたらす未来」にも説得力が増し、映像に反映されたフィロソフィーの一貫性が世界に衝撃をあたえた……。

こう分析してみると、やはり本作が「世界観主義」における20世紀の到達点ということができます。

「世界観主義」に影響をあたえた『ブレードランナー』

ただし「世界観主義」の方法論は、すべてが日本オリジナルというわけではありません。押井守監督の場合、１９８２年のＳＦ映画『ブレードランナー』（リドリー・スコット監督）

からの影響が大きいのです。あるラジオでは「映画とは世界観を描くものだと学んだ」とさえ語っていますので、自覚をあたえた作品と言っていいでしょう。

――酸性雨が降りしきる未来のロサンゼルス、薄暗くて猥雑な街並みではアジア系の移民がひしめき、閉塞した地球を捨てて宇宙移民をうながす広告が飛行船から流れている。そんな想像力を触発するディテールの集積が「世界」を生み出し、「神は細部に宿る」という原則にもとづき、「まだ見ぬ世界のリアリティ」が世界観に昇華し、クレディビリティを高めていく。そんな画期的な映画が『ブレードランナー』でした。

ことにビジュアル世界と、そこから垣間見《かいまみ》える思想や哲学が融合している点に、卓越したものがありました。それは「バイオテクノロジーで作り出された人造人間レプリカントとは〝人〟なのか」というテーマとも響き合うもので、「表現と内容の一致」についても先進的です。つまり『攻殻機動隊』と『ブレードランナー』には、「世界観主義のSF」「ハードボイルド」「ポリスアクション」などの諸要素を統合した「つながり」があるのです。「人の本質を探究するテーマ」でも共鳴しています。ことに「サイボーグ(CYBERNETIC ORGANISM)」は「人の条件を問うもの」として2作をリンクする重要な設定で、世界観が引き起こす衝動の震源地がそこにあります。

器官の一部を機械に代替し、真空の宇宙や深海などに適応し、能力を伸長するサイボーグ

――。その発想は、「冷戦時代」を背景に兵器として誕生したという点でも注目に値します。科学によって人間性の純度は損なわれる。それでいいのか。「生身と機械」の結合が生みだす倫理的な問題は、産業革命期のメアリー・シェリーの小説で、死体に人工的な生命を吹き込んだ「フランケンシュタインの怪物」にルーツがあります。

では、なぜそのテーマが日本の作品では独自の強い主張のオーラを帯び、世界中から注目を集めたのか。それは冷戦構造を前提とした戦後日本それ自体が、アメリカによって思想も国土も改造された〝サイボーグ〟に見立てられるからです。各国で続く戦争には直接的に参戦できない。しかし兵器や軍事技術は提供する。国家が生き残るため、間接的に加担せざるを得ない。そこに罪悪感もあるし、大衆も納得はしていない。

サイボーグには、「日本の自画像」が投影できるのです。だからこそ他国とは違う哀愁や寂寞《せきばく》が、サイボーグテーマの作品に宿るのではないでしょうか。

このように多数の階層で「世界観」がリンクされた複合体の創作物は、人間の無意識のさまざまな領域に作用します。その作用はアニメの視覚伝達性能を応用した「世界観コントロール」によって強度が高まる。だから、小説や漫画などの文芸的なロジックを超えることができたのです。それゆえ、「表現と内容の合致や伝達強度」に着目していない、古典的な文芸批評には限界があるとさえ筆者は考えています。その解決手段として、「映画やアニメが技術の産物」であることに着目し、技術的発想による分析手法の数々を提示してきました。

公開から四半世紀以上が経過し、「人と電脳の融合」はスマートフォンによって現実化しました。携帯電話が手放せなくなれば、もはや機械を内蔵しているのと同じ、事実上のサイボーグだと、押井守監督が語ってくれたこともあります（2004年、『攻殻機動隊』の続編『イノセンス』公開時の取材）。コミュニケーション能力が機械的に拡張した結果、メールやSNSによって、SFが描いてきたテレパシーのような「無言の意思疎通」が実現され、それを当たり前とする新世代も成人し、社会に出ています。

その反面、「スマホ依存」が問題視されて久しい。情報取得の簡便化とネット言説の影響で「自分で分析して考える力」は減衰しているとも言われています。「ネットでみんなが言っている」と認知されても、もし全部が「コピー&ペースト」なら、ひとつの意見でしかない。それさえ疑わない傾向もあり、末期的と感じることもあります。いまは全員サイボーグの時代だから、やはり人間性が損なわれているのかもしれません。

そんな2020年代を予見し、しかしそこから新しい何が始まるのかを問題提起した点でも、『GHOST IN THE SHELL/攻殻機動隊』は「日本だけが可能とするアニメの代表作」なのです。ディープ・ラーニングによるAIの進化や、VR（ヴァーチャル・リアリティ）などが身近となった今、その再検証はさらに重要になっていくことでしょう。

「世界観主義の発展」の分析は、「なぜ日本でＡＮＩＭＥが異常発達したか」の疑問に対し、納得性の高いひとつの答えをあたえるものと考えています。それは「未来への指標」ともなり得るものだと確信しています。

第6章　『新世紀エヴァンゲリオン』による拡大

——アニメブーム再来、新時代の招来

出発点はSF大会用アマチュアフィルム

ここですこし現在の状況に触れておきましょう。２０１６年以後、『君の名は。』『劇場版 鬼滅の刃 無限列車編』『シン・エヴァンゲリオン劇場版』『劇場版 呪術廻戦《じゅじゅつかいせん》 0』など映画で百億円規模のヒット作が出て、邦画中のトップを占めることが多くなりました。これは「第4次アニメブーム」と語られることがあります。ではその手前、「第3次アニメブーム」とは何なのか、現在とどういう関係があるのか。両者をブリッジする趣旨で『新世紀エヴァンゲリオン』について触れておきたいと思います。

筆者は２００７年から２０２１年までの「新劇場版シリーズ」でオフィシャルライターを担当しました。しかしながら、本章で述べるのは、あくまでも「日本アニメ史を概観するとこういう連鎖が見える」という個人の見解です。『エヴァ』に関するオフィシャルなものではありませんので、ご留意いただけると幸いです。

「第3次アニメブーム」とは90年代の現象を指します。

１９９２年放送の『美少女戦士セーラームーン』を起爆剤として始まり、国内のブームを決定づけたのは庵野《あんの》秀明《ひであき》監督による『新世紀エヴァンゲリオン』とされています。１９９５年10月からオンエアされた全26話のテレビシリーズは、いわゆる「アニメファン」と呼ばれて閉じていた観客層を大きく拡げました。さらには「深夜アニメ」と呼ばれる一群のテレビアニメを量産させる契機にもなり、アニメの可能性を発展させたのでした。

アニメーション制作は前述の映画『王立宇宙軍　オネアミスの翼』（87）を契機に設立されたガイナックスが担当しています。このガイナックスは、1960年代の第1次アニメブーム（テレビまんがブーム）のとき活動していた東映動画、虫プロダクション、TCJ、竜の子プロダクションの流れに属さない「アマチュア発」の点で、アニメ史的に特筆すべき存在です。もともとは20代の若きクリエイターたちが、『王立宇宙軍』を制作するためだけに作り上げた会社でした。

そのルーツは1981年の日本SF大会「DAICON3」（DAICONは、大阪コンベンションの略）用のオープニングアニメにあります。このときのスタッフがアマチュアフィルム制作集団「DAICON FILM」としてアニメと特撮でプロ顔負けの作品群を作るようになります。そして発展的に改組したのがガイナックスなのです。1980年代は映画会社以外にも角川書店（現・KADOKAWA）、徳間書店、講談社など出版各社が映画製作を行って、そのマルチメディア展開で注目を集める潮流がありました。そこでOVA（オリジナル・ビデオ・アニメ）を始めた玩具《がんぐ》メーカーのバンダイも自社発コンテンツ獲得のため、自ら映画製作に乗り出します。そして「DAICON FILM」のメンバーの提案を受け入れたというわけです。

こうして誕生した映画『王立宇宙軍』の企画は、岡田斗司夫《おかだとしお》と渡辺繁《わたなべしげる》（当時バンダイ）、キャラクターデザイン・作画監督は貞本義行《さだもとよしゆき》、監督・原案・脚本は山賀博之《やまがひろゆき》です。そして後の「エヴァンゲリオンシリーズ」のキーパーソン庵野秀明は「スペシャルエフェクトアーチスト」のクレジットで主として戦闘機、戦車などの兵器や、主役級となるロケットの描写を担当し、徹底したリアリズムで描き抜きました。

山賀博之監督と岡田斗司夫プロデューサーは、DAICON FILM時代から庵野のエフェクト、ことに細やかな破片などが乱舞する描写に大きな価値を認めていました。そこで「ロケット打ち上げ」という、庵野秀明がその才能を最大限に発揮できる題材にめぐりあい、そのシーンが映画のクライマックスになるよう、企画と物語を構成したと言います。庵野エフェクトの重要性ありきの作品でした。

作家性の解放と『エヴァンゲリオン』

庵野秀明は1988年のOVA『トップをねらえ！』で初めてビデオシリーズの監督を担当し、スケールの大きな物語を感動的に演出。続いて1990年、NHK放送のテレビシリーズ『ふしぎの海のナディア』の監督を経て、1995年の『新世紀エヴァンゲリオン』で一躍アニメシーンの頂点に立ちました。それればかりか『エヴァ』がアニメファン以外の客層に広く訴求した結果、「アニメの受容形態」そのものを変革したのです。

現在では『エヴァ』の全作品に「原作 庵野秀明」とクレジットされています。庵野秀明が渾身《こんしん》の力をこめて開発した「オリジナル作品」の点で注目に値する現象を起こしたのです。しかも過去のオリジナル作品以上に「個人の作家性」が発露した時点で、観客層と市場を拡大して後世に大きな影響をあたえることになります。アニメーション制作は集団作業ですから、どうしても「個人の作家性」は薄められる傾向があります。それなのに、なぜ庵野秀明はアニメ作家として特別視されたのでしょうか。

『エヴァ』の場合、14歳に設定された主人公・碇《いかり》シンジという「個から見た世界」を軸に、物語が展開していきます。言ってみれば「シンジの世界観」が主役級なのです。その主軸に、他の個性的な登場人物たちが関わり、別の世界観も編み上げられてはいるのですが、最終的には「シンジが世界をどうとらえるか」に収斂《しゅうれん》されていきます。そして、シンジには「庵野秀明の個」が色濃く投影されている、つまり「私小説的なアニメ」と『エヴァ』に関心を抱く大多数が考えるようになったのです。実際には庵野秀明自身は自分の「個性」を分割して登場人物に投影していますし、作品と作家を同一視すること自体に疑問はあります。しかし、私小説と同列に扱われる域に達するほどの商業アニメは前例がなかった。ゆえに、過去とは違うタイプのブームとなったわけです。

そんな作品が、テレビ東京をキー局として夕方18時台に放送されていた事実は、今では驚かれるかもしれません。本放送時から人気は高かったのですが、本作の再放送時に深夜帯を選んだことで、テレビアニメの流れが「深夜アニメ」に転換していくことになります（詳しくは後述）。放送枠の点でも、時代の変化をもたらした作品でした。

前章で触れた『GHOST IN THE SHELL/攻殻機動隊』は、日本製アニメが海外へ飛躍する契機となった作品でした。同じ年に公開された『エヴァ』は国内の新規観客層を開拓し、クリエイション、アート、デザイン、カルチャーに関心ある人びとを数多くアニメに吸引して受容を拡大、多様化した作品です。この2作がセットになって、時代を変えたとも考えられますし、「世界観主義」の成熟が同期していたと見ることも可能です。

本章では、すでに多く語られてきた『エヴァ』の作品性よりも、そんなアニメ史的な位置づけを重視し、語っていきます。

製作委員会方式の本格化

まず『エヴァ』初出のころ、時代がどう推移していたかを整理します。90年代前半、角川書店はマルチメディア戦略を拡大させていきました。セル用のＬＤ（レーザーディスク）、レンタル用のVHSというビデオパッケージが最初の隆盛を迎えたため、メーカーと協調し、さらにネット局数は少ないものの、アニメ放送に抵抗の少ないテレビ東京と組み、ビジネススキームを変えていったのです。その結果、ニッチでハイターゲットなコンテンツが多数アニメ化されていく。これも大きな変化です。

80年代は小学館、集英社など一ツ橋《ひとつばし》グループの大手出版社の週刊連載漫画を在京メジャーのテレビ局がアニメ化して国民的ヒットを多数成立させました。『うる星やつら』『タッチ』（小学館の「少年サンデー」連載）、『ドラゴンボール』『キン肉マン』『北斗の拳《けん》』『聖闘士《セイント》星矢』（集英社の「少年ジャンプ」連載）などが代表です。しかしこれらがアニメ雑誌の表紙を飾ることはありませんでした（『うる星』など例外あり）。それは大手出版社がコンテンツを囲い込む「対立の時代」ゆえの現象です。

しかし昭和の終わり、80年代末ぐらいから世界の冷戦構造が消失し、「対立」が古いものになっていきます。やがてバブル経済も崩壊するに至り、「コラボレーションの時代」へと推移したのです。「マルチメディアビジネス」の拡大もその反映です。

「対立の時代」のころは中央集権的な上意下達な流れが中心でした。つまり「出版社は作家を擁する」「アニメ化はあくまでも二次利用」という考えが支配的です。露悪的に言えば「大会社がコトを大きく構えて大きく儲《もう》ける考え」があったのです。戦争の時代なら「大艦巨砲的」な発想ですね。実際、「少年ジャンプ」は1995年に史上最大部数の653万部を記録しています。

しかし、アニメは「個人消費」に基づくものです。利益の最大化に適する他の手段も存在しているかもしれない。顧客サービスを分散化し、全方位的にケアすればいいし、資金が必要なら、もっと小回りのきく会社が「共闘」すれば新たな可能性が拓《ひら》けるのではないか。「大艦巨砲」に対する「航空勢力」のような発想です。

こうして以前から存在していた「製作委員会」が、アニメ分野で新たな発展を見せることになりました。これは出版、ゲーム、音盤・ビデオ、グッズ、玩具、フィギュア、アニメショップなど多種多彩な企業がコラボレーションし、それぞれ投資をした額に比例して利益を分配するビジネススキームです。そして委員会が集めた資金を「制作会社」に投下し、作品をつくるわけです。

異業種同士が共同することでシナジー効果を生み、利益を最大化する。作品の性質によって幹事会社や参加企業、出資比率も柔軟に変えられる自由度がポイントで、法的な制約のある仕組みではありません。テレビシリーズと90年代の劇場版の時点での『エヴァ』は「Project Eva.」および「EVA製作委員会」と記されて複数社で構成されていましたが、キングレコード1社に実務の決定権が集約され、コンテンツの性質に合わせた柔軟性を備えていました。

角川系ライトノベルが大きく発展したのも、柔軟で小回りがきく点で、コラボの時代になったからだと考えられます。アニメ、ゲーム的なビジュアルになじんだユーザーは、漫画でなく小説でも脳内イメージを喚起することが主流となり始めました。アニメクリエイターがキャラクターデザインとイラストを小説に提供する。自由に映像を想像して楽しんでもらった後に、高いクオリティでアニメ映像化されれば、ベストというわけです。

90年代前半は、ビデオソフトの収益も伸びていました。全国に行き渡ったレンタルビデオ店には、大量のＶＨＳテープが配備され、安価にアニメ視聴が可能となる。その画質と音質で物足りないユーザーには、光学記録で劣化しにくいＬＤが提供される。特に後者は単価が大きいため、ヒットすれば莫大《ばくだい》な収益が出て、高額のアニメ制作費を回収し、次のチャンスも生まれるのです。

『新世紀エヴァンゲリオン』はその最大級のヒット作となりました。さらに21世紀初頭に主流となる「円盤（映像記録用ディスク媒体の総称）ビジネス」を決定づけたのでした。

『エヴァ』再放送で開拓された深夜枠

『エヴァ』ブームの第一段階が夕方枠の放送時だとすると、第二段階は劇場版公開時です。

このとき、アニメ放送用の深夜帯を開拓したことが、アニメの歴史を大きく変えていきました。深夜のアニメ放送は、麻雀《マージャン》がテーマの『スーパーヅガン』（92）など、90年代初頭から散発的に存在してはいました。ただし、この時間帯のテレビ番組は概して「成人男性向け」、つまり、ギャンブル、エロス、バイオレンスなど刺激的な題材が向いていると思われていました。中には『NIGHT HEAD』（92）のようにカルト的な評判を集めたSF実写ドラマもありましたが、ライトノベル原作アニメは先述の『エヴァ』と同様、主にテレビ東京夕方枠放送という時期が続きます。

それが90年代末に「深夜アニメ」の時間枠へ移動していったのは、1997年春公開の映画『新世紀エヴァンゲリオン劇場版 シト新生』の公開がきっかけです。映画合わせの宣伝目的で深夜枠をスポンサードし、『エヴァ』のテレビシリーズ全26話をまとめて放送した結果、大反響があったのです。『ヤマト』『ガンダム』からの伝統「〝世界観主義〟のテレビシリーズは、実はまとめ視聴が向いている」が理由でした。それればかりか、ビデオパッケージの売り上げがまた伸びた。この時間帯には『エヴァ』のように「作家性のつよいハイクオリティ・アニメ」を好む観客が、大勢いると判明したのです。結果、これが「アニメマニア向け時間帯」の開拓となりました。

ならばそこに新作を投入し、パッケージで回収するビジネススキームを構築すればいい。

その目的に「製作委員会方式」がうまく合致したのです。深夜放送枠の大半は、テレビ局主導の「編成枠」ではなく、テレフォンショッピングなどに使われていた「営業枠」なのです。その枠全体のスポンサーとなって、30分のコマーシャルとしてアニメを放送する。その広告効果によって高額のパッケージを販売すれば、大きな利益が出る。ただしリスクを分散するため、関連会社が集まって出資すればいいと、こんな考え方です。

ＶＨＳテープとＬＤのアナログ時代からＤＶＤへの転換期と重なった上に、パソコン普及でアニメのデジタル制作が急激に立ち上がったことで、深夜アニメが激増しました。加えて小型軽量なＤＶＤパッケージによって輸出のハードルが下がり、すでに『攻殻機動隊』などフラグシップが切り込んでいた海外市場での評価も急上昇します。

ここに至り、ついに食品や玩具などの二次商品に頼らない、「作品自体（一次）」をメイン商材とする状況が主流となりました。「純粋に内容勝負で出資をリクープするビジネス」に到達したわけです。同じ90年代には「作品」ではなく「コンテンツ（中身）」という呼称が一般化し、コアユーザー向け、ハイターゲット等、「非子ども向け企画」が増えます。

ですから深夜アニメは、テレビアニメの進化形というよりも、ＯＶＡの到達点と考えたほうがベターなのです。

アニメファンの枠組みを超えたブームの拡大

では、なぜ『新世紀エヴァンゲリオン』が熱狂的に受け入れられ、ブームの起爆剤となったのでしょうか。いくつもの原因が複合しなければ大ヒットにはなり得ません。その「新しさ」を分析してみましょう。

まず作品の構造は、伝統的な「ロボットアニメ」を下敷きにしています。主人公・碇シンジは14歳の少年で、父親の建造した汎用《はんよう》ヒト型決戦兵器人造人間エヴァンゲリオン（略称EVA）のパイロットに選ばれ、背景となる状況や理由を説明されないまま搭乗させられる。謎の敵性生命体〝使徒〟が次々と出現し、第3新東京市（位置は箱根《はこね》）に向かって攻めてくる。出撃を強いられたシンジはEVAを操縦し、戦うが……。

庵野秀明監督は、基本設定、あるいは毎回の展開に関して『マジンガーZ』（72）を参考にしました。さらに『機動戦士ガンダム』（79）の第1話を徹底的に研究したとも明言しています。14歳の少年が巨大ロボットの〝力〟を手にしたとき、義務や責任とともにどんな心情になるのか、その成長を描く点では古典的なのです。

ただしEVAは機械ではなく、巨大な人型の生命体に外装と制御系を付与したものです。バイオテクノロジーとメカニズムの融合体で、制御系やディスプレイ表示は電子機器の時代を反映しています。マジンガーZのように人が乗りこんで操縦できる、ウルトラマン的な変身ヒーローでもある点で、「ハイブリッドな設定構築」をしたのが特徴で、似たような発想が作品全体に徹底されています。『エヴァ』もまた「世界観主義」の産物です。ただしその構築手法は「緻密《ちみつ》さと正確さ」を極める意味でのリアルな方向性とは少し違いました。

情報量を増やすリアリズムは、ディテールによる「足し算」の発想です。これは、アニメーションが元来スタイルとして備えている「省略と誇張」とは相反するものでした。画面内の情報量を増大させると現実に近づけられますが、あるところに達すると情報が脳負荷をかけ、むしろノイズになってリアリティ（実感）が減衰することがあります。ロボット工学で知られる「不気味の谷」に似た現象がアニメ映像にも起きるのです。

「エヴァ世界」は、むしろ「引き算」の発想中心で出来ています。そしてアニメーションでは動きに対して言われてきた「省略と誇張」の概念を拡張している。「引き算」されて生まれた余白、情報の欠落こそが、テレビシリーズ放送時に『エヴァ』大ヒットの要因になりました。その現れが「謎」として知られる要素で、その最大級のものが「人類補完計画」です。いくつかの組織により「計画」の見え方や遂行方法が異なり、特務機関ＮＥＲＶ（ネルフ）の中でもその「計画」を知る者と知らない者がいる。「計画」の解釈は、劇中でも当事者が有する「世界観」次第になっているのです。

その情報の密度差によってドラマの生まれる点が斬新でした。しかも最終的に発動した

「人類補完計画」は、碇シンジが望むかたちに「世界を書き換える」ものでした。結論的には世界の主人公は自分なのだから、その「世界観」次第で見える景色や関係性も変わっていく……。

『エヴァ』のテレビシリーズは、「他人や世界は変えられない、変えられるのは自分だけ」と主張するアドラー心理学のようにも解釈できる物語として、終結に向かいました。ただし最終2話は、通常のアニメ的表現をとらずにこれを提示しています。「人類補完計画」が発動し、主人公・碇シンジが心の内面を再確認しながら、世界のとらえ方を再定義する。そのプロセスが、過去の映像の流用と字幕の応酬で綴《つづ》られていき、やがてはアマチュアフィルムのような手描き作画となって、人の形状すら記号に変化していく。

筆者はこれを「もしアニメそのものが自意識を持っていたとしたら、自身の成り立ちを再確認するプロセス」と解釈しています。実際、これを「アニメ補完計画」として紹介したことさえあります。

ですが、当時「すべての謎が解ける」と期待していた視聴者たちにとっては、理解しがたいものでした。ある人たちは意味不明の映像と受け止め、フラストレーションに怒り出してしまう。別の人たちは納得し、あるいはまったく独自の設定的な解釈を示し始める。まだ「パソコン通信」の時代で未熟だったネット世界において、大変な騒動や論議が発生したのです。「ネット炎上」の最初期のものだったかもしれません。

こうして起きた騒動は、アニメファン以外にも拡大していきます。ミュージシャン、デザイナー、イラストレーター、タレント、映像作家、さらには社会学や哲学を専門とする大学教授などを巻きこみました。これは「受け手が熱狂を拡大させた」点で、70年代の『ヤマト』『ガンダム』のブームに連なるもので、職業人や専門家に波及した点では発展形とも言えます。それゆえ「第3次アニメブーム」の象徴として扱われるようになりました。

編み上げられた情報が美意識を生む

結果として、大量の『エヴァンゲリオン』研究書が刊行されました。その多くは図版などの版権を正式にとらず許諾も受けず、文章だけで「謎解き」に終始していたので、通称「謎本」と呼ばれました。40冊以上出たとされるその謎本の目次には、「人類補完計画とは何か」「黒き月とは」「死海文書の謎」などなど、作中のキーワードを解説する見出しが並んでいます。もちろんどれひとつとして「正解」ではありません。エビデンスとされる死海文書研究などの参考文献はあっても、あくまでも「謎本」の著者の解釈に留《とど》まっている以上、本格的な「研究」の方法論からも逸脱しています。

ただし興味深いのは、これもアニメの特質である「省略と誇張」およびそのコントロールによる「世界観主義」の招いた結果と考えられる点です。作品として提示している情報を「見せない部分」と「濃厚に提示する部分」とに分け、このコントラストを大きくアレンジした。その結果、随所に「解釈の幅」が生まれた。「大きな黒ベタ部分を画面内に置いて見せなくする」は、『エヴァ』を特徴づける映像演出技法のひとつです。「謎」とされる設定にも、ストーリー、ドラマ面でも、カット単位の映像にもこの「明暗のバランス」の考え方が徹底されているのです。

こうしたアニメーション映像を見続けると、何が起きるのでしょうか？

人は見えている情報から、見えない部分を想像しようと努力します。14歳でチルドレンと呼ばれる少年少女たちは、未発達な精神で無理をしつつ、情報秘匿の環境下で戦わされている。その抑圧に共感するから、観客も「知らされていない、知りたい」と欲求を高める。ではEVAを運用する特務機関NERVの大人たちは完全な情報を持っているかというと、これもそうではない。知り得る情報が役割や組織内部の情報アクセスレベルの差、あるいは権限の違いにより、バラツキがあるのです。中には思わせぶりな単語を口にしているのに、真相をあえて言わないように隠す者さえいる。

この「知りたい欲求」は「中二病」とされる年齢ゾーンの心理に響きあいます。現実世界ですでに14歳ではなくなった観客でも、14歳を通過したことのあるすべての「元チルドレン」の、概して恥ずかしく青臭い、封印されてきた記憶と共鳴するのです。

この明暗や情報疎密の配置――それが「すべての人が抱く心の中の14歳との共鳴」を招く。こうして織物のように編み上げられた情報の複合性が、ひとつの「デザイン感覚」を生む。その感触、手触りは庵野秀明監督の「美意識」でミクロからマクロまで徹底されている。その域に達したものが「エヴァンゲリオンシリーズの世界観」です。これは、「世界観主義のネクストステージ」と呼べる高みなのです。

解釈の多くを観客個々人に委《ゆだ》ねた結果、作品を観た全員にも「微妙にバラツキのある世界観」が醸成されました。このバラツキがギャップを生み、そのギャップを埋めるためにファン同士のコミュニケーションが、かつてないほど活性化していきます。「世界観」に秘匿や揺らぎを持たせることで、その種のツール的な機能を生むこと自体が新しかったのです。だからこそ『エヴァ』は、過去に類例のないヒット作になりました。

たとえば2大ヒロインの綾波《あやなみ》レイと惣流《そうりゅう》・アスカ・ラングレーには、受容した観客に二極化を生む仕掛けが意図的に組み込まれています。白いスーツを着用しておとなしく、会話が控えめで受け身なレイ。赤いスーツを選び罵倒《ばとう》語さえ交えつつ、モーションを仕掛けてくる活発なアスカ。どちらかを必ず好きになる仕掛けです。

この種の「何をフックに好きになるかの手がかり」もまた、「観客サイドの世界観の一部」と言えます。だから互いがリスペクトしている限り、それぞれの内心を理解する手がかりにもなる。作品を媒介にした友愛さえ生まれうる。90年代には「コミュニケーションツールとしてのアニメ」が活性化しますが、『エヴァ』はその機能を更新しました。

「世界観主義の更新」が『エヴァ』をロングセラーに

登場人物と同様、たとえば「人類補完計画」の解釈ひとつとっても、人によって注目するポイントが変わります。「謎本」の中には「死海文書」などを参照するに留まらず、人類が蓄積してきた「哲学」「宗教」など「人と世界のあり方」にまで及んだものがあります。

そもそも「世界観」とは、「マルクスの世界観」「キリストの世界観」のように、「人がどう世界を観るか」を意味する言葉でした。だから、正しい用法に戻ったと言えますし、その点でも「世界観主義の更新」と言えるでしょう。

1997年に公開された映画『新世紀エヴァンゲリオン劇場版　Air／まごころを、君に』は、当時の完結編として、テレビシリーズの最終2話を発展的に再話するかたちがとられました。主人公シンジが自身で決意し、「人が群れることで生まれる世界観」を選択することで、「人が全員溶けあって苦しみのない世界観」は棄却される。抽象的だったテレビシリーズの「人と世界はどうあるべきか」を、より具体的に再提示して終わったのです。

「安易ではないか」と揶揄《やゆ》のニュアンスで語られがちな、後の「セカイ系」（個人の問題とセカイの問題が直結するタイプの作品群）とは、かなり異なるものです。「物語の中でシンジはこういう世界観に基づいて選択をしました、あなたはどうですか？」と、呼びかける部分に社会性が宿っているからです。劇中、映画を鑑賞する観客席が実写で写るのは、スクリーンを「鏡」のように反射させる意図ゆえでしょう。

ともあれ、こうして生まれた「世界観主義の新たなステージ」は、『エヴァ』を一過性の消費物から解放しました。永遠に楽しみ続けられるコンテンツに高まったのです。

終始、ファンサービスを手厚くし続けたことも、『エヴァ』の特徴でした。たとえば玩具メーカーのように束縛もあり得る特定のスポンサーが付かず、キングレコード主体のコントロールだったため、放送後はかなり全方位的な商品化が可能となりました。フィギュアにも「解釈」という「原型師の世界観」が宿っています。その二次的世界観が競争を生むことで、観客個々の世界観もほどよく熟成されていきました。

やがて『エヴァ』のキャラクターたちは、タレントのようにさまざまなコマーシャル、時にはカーレースや公共交通機関にまで飛び出していきます。『エヴァ』の生んだキャラやメカには「誇張と省略の世界観」が宿っているため、たとえば「配色だけでEVA初号機と分かる」「文字の配置だけでエヴァっぽく見える」と、過去に類例のないビジネスへの発展応用にも幅が出来たのです。作品として発展性に幅があった結果、遊興機（パチンコ、パチスロ等）にまで採用され、ふだんアニメを観ないような大衆層にも訴求するよう発展していきました。

庵野秀明もガイナックスを離れ、２００６年に自らカラーという会社を設立し、２００７年から２０２１年までの『ヱヴァンゲリヲン新劇場版』および『シン・エヴァンゲリオン劇場版』全四部作を生み出します（表参照）。全額自社の出資でプロデューサーとディレクターを兼任するようになったことで、さらなるサービス精神が発揮されていきます。

通常、プロデューサーは予算管理を徹底し、ディレクターがクオリティアップに注ぎ込もうとするリソースを抑制する。車で言えばブレーキとアクセルの関係です。その両方を１人で兼務し、ビジネスの運用面にも自身の世界観を反映させた。ただし、個人的な満足感が動機ではなく、観客サービスに軸足があります。ですからこれは「作家性」を大きく超えた、哲学に近い「世界観」の発動と理解することも可能なのです。

２００６年以後の動きは、『エヴァ』が発展させたはずの「製作委員会方式の全否定」でもあり、その点でも要注目です。アマチュア・フィルムメーカーからキャリアを出発させた庵野秀明監督が、初心に戻ったものと考えることも可能でしょう。常識を突破するインディーズ的なマインドで作り続けた四部作は、最終的には完結編にあたる『シン・エヴァンゲリ

タイトル	公開日	興行収入
ヱヴァンゲリヲン新劇場版:序	2007年 9月 1日	20.0億円
ヱヴァンゲリヲン新劇場版:破	2009年 6月27日	40.0億円
ヱヴァンゲリヲン新劇場版:Q	2012年11月17日	53.0億円
シン・エヴァンゲリオン劇場版	2021年 3月 8日	102.8億円

『ヱヴァンゲリヲン新劇場版』及び『シン・エヴァンゲリオン劇場版』全四部作

オン劇場版』(21)で興行収入100億円突破に至りました。

「世界観主義」が観客のコミュニケーションを活性化させ、個人消費によるパッケージビジネスを発展させたこと。徹底した情報の取捨選択とその配置がスタイリッシュな映像を生み、動き中心ではない、たとえば背景や光の明暗だけで寓意《ぐうい》を感じさせるアニメの様式を開拓したこと。「エヴァンゲリオンシリーズ」は、他にも数多くの新規性をアニメ業界にもたらし、日本製アニメに大きな変化を招きました。

21世紀に入ってからの20年あまりに起きた変化にしても、その多くは『エヴァ』が生みだしたものが基礎となっています。今はもう目に見えないインフラ的なものとなって、気づきにくいかもしれませんが……。

そうした『エヴァ』の位置づけが、最終章の前に確認しておきたかったことです。

第7章　『君の名は。』の衝撃
――デジタル世代の台頭と新たな作家性

21世紀に起きたアニメの変革

最終章は21世紀以後の変化を代表するアニメ作家・新海誠《しんかいまこと》について語ります。この20年余りは、アニメ文化、産業の「収穫期」に該当すると考えています。『エヴァ』の成功がリードした「深夜アニメ」の隆盛、毎シーズン70本近い新作テレビアニメの定常化、サブジャンルの増加とネット文化との相互作用、作家性のあるアニメ映画の輩出、３ＤＣＧの進化、スマホゲームとアニメという新たな関係、ライブ空間への進出、聖地巡礼ブーム、高解像度化、配信時代の到来、国際時代の本格化などなど……。変化は数えあげればキリがありません。

ただしまだまだ現在進行形のものも多く、これらの歴史化についてはまた別の機会に譲りたいと思います。本章ではそれらすべてを可能にした「デジタル化」に着目し、その代表として「新海誠監督」に話題を絞りこみます。アニメ業界ネイティブではないところからキャリアをスタートし、いまや日本映画界全体で突出した興行収入を可能とする監督として、アニメ文化を語るのに欠かせない独特の存在だからです。

「商業アニメ」の段階的進化を凝縮した作家

新海誠監督の人気は、「美しい風景」「意味深なモノローグ」「流麗なる音楽」を編み上げた詩的な映像世界に支えられています。何もかもを明示することで、万人に誤解なくエンターテインメントを提供するアメリカ製アニメーション映画とは方向性が違う――観客の読解力と想像力を信頼し、「個人の心」を触発して美的な価値観を送り手・受け手で共有する点で、「日本製アニメの世界観主義」を総括したものです。その発展がデジタル時代の進化と同期したのも特徴的です。

業界におけるアニメ制作工程のデジタル制作は、１９９７年ごろから本格化しました。手描き作画・背景までは既存のフローを保持しつつ、ペイント、撮影（コンポジット）、編集、音響などをコンピュータ上で行うものです。アナログ時代からあった撮影技法も、フィルムを巻き戻すなどのリスクを冒すことなく重層化できるようになったことで、アニメ映像のルック（見た目）が激変していく。部分的に明暗を調整し、外から差しこむフレア光などを加え、ディフュージョン（拡散）フィルタといったレンズ効果でボケ味を足すなど、画面の隅々までコントロールすることが可能となったのです。

新海誠監督が最初に大きな話題を呼んだ２００２年の短編『ほしのこえ』も、30分弱の短編を１人で制作したことに加え、「光の処理の美しさ」が注目されました。21世紀のデジタル時代になって、アニメ作家は「光による世界観それ自体をメディアとして物語ること」が可能になった。新海誠はそれを作品で実証した。

のみならず、２０１６年の『君の名は。』は、メジャー向けエンターテインメントとしてシナリオ面を強化し、誰も予想しなかった驚異のメガヒットを実現（興行収入250・3億円）。続く2019年の『天気の子』（興行収入141・9億円）、2022年11月公開の最新作『すずめの戸締まり』（興行収入131・6億円、2023年1月時点）と、日本映画界のトップランナーに躍り出たのです。

最新作『すずめの戸締まり』に関し、新海誠監督はツイッターで以下のように紹介文を書いています。

今、新作映画『すずめの戸締まり』を作っています。列島各地に開いてしまう、災いの扉。主人公の鈴芽（すずめ）がその扉を閉めて旅をするロードムービーであり、現代の冒険物語であり、彼女がある存在と共に戦うアクションムービーでもあります。楽しい映画になるはずです。2022年秋どうかお楽しみに！

（2021年12月15日付）

「ロードムービー（旅もの）」という単語が要注目です。21世紀の深夜アニメでブームになった「聖地巡礼」とは、「現実の風景をアニメ映像に読み替えることで、ファンが訪問可能とし、現実世界とアニメ世界を往還する楽しみ方」のことです。その背景には携帯電話、スマートフォンの急速普及によって「デジタルカメラ」が常時大衆の手元にあり、SNSを通じて現地で撮った写真を発信可能とした「インフラの激変」があります。つまり「世界観の虚実入れ換え」が複数の土地に対して可能となった。さらに送り手と受け手、受け手同士もそれを共有できるわけです。これは21世紀ならではの「アニメの楽しみ方」です。

さらに、テーマである「震災の残した傷跡へのアプローチ」に対しても「災害風景の中にも大事なものがあるかもしれない」と「世界観の再定義」が使われている。作家性と手段とが完全に一致しています。

本書の締めくくりでは『エヴァンゲリオン』以後、「21世紀のアニメ作家」を代表するのは新海誠監督だとしています。それは、「世界観主義」「ハイクオリティ映像」「個から世界への直結」など多くの点で「継承と発展」が見えるからです。ことにその成果として興収百億円以上のヒット作を3作連続で送り出し、歴史的分岐点をもたらした。そこに、優先的に語るべき価値があると考えています。

DVDパッケージへ、媒体の転換

新海誠監督は、2002年、OVA（および小規模劇場公開）の個人制作アニメーション『ほしのこえ』で彗星のごとくメジャーシーンに登場しました。アニメ雑誌のみならず、サブカルチャーを中心に各種メディアで若者の話題を集め、「人気作家」となったのです。その活躍は「日本製アニメ」が「ANIME」（和製英語が国際化した呼称）として海外進出が本格化する時流とも同期しています。

その発展は1990年代後半から起きた「デジタル革命」とも無縁ではありません。日本製アニメを収録し、販売するメディアは、VHSテープもLD（レーザーディスク）もアナログ記録でした（LDの音声部分のみデジタル記録）。90年代末になって登場したDVDは、CDと同じ直径12センチの円盤にデジタルの圧縮データを高密度記録し、映像を再生できるようにした画期的なメディアです。ダビング機で1本ずつ複製するビデオテープよりも生産性が高く、物流コストも店頭占有率も下がったため急速に普及し、VHSやLDを過去のものとしました。動画配信以前に、ANIMEの国際的な流通障壁を下げたのもDVDです。

コンパクトなサイズは、ユーザーの手元に物体として残るコレクション性でも有利に働き、DVDは「コンテンツ」に対する「コンテナ」の役割として最適な存在となりました。そしてアニメビジネスは「円盤販売」へ急傾斜し、テレビの深夜枠を開拓して「深夜アニメの時代」が到来します。

『ほしのこえ』は、DVDがすぐれた流通性でインフラとなった時期のヒット作なのです。80年代中盤、OVA初期に期待された「作家性そのものをセールスにしたパッケージ」が「個人制作の直販」として実現したのです。同作は「DVD付き書籍」で二次販売が行われるなど、新時代到来の旗印のようにも扱われました。
なんと言っても衝撃的だったのは、脚本・作画・CG・背景・仕上げ・撮影・編集と、20世紀には複雑な専門性が必要だったはずの全工程を、新海誠がほぼ１人で手がけた点です。職人技や機材（撮影台など）に内在していた「アニメ制作の特権性」が、パソコン上のデジタル制作で一般に解放されたのです。新海誠は主演声優も担当し、ＤＶＤではプロ声優バージョンと切り換え可能にしています。
筆者による新海誠監督へのインタビューでは、このように語られています。

『ほしのこえ』は、あれほど多くの観客に観てもらえるとは思わずに作った故の稚拙さが目立ち、「そんなつもりじゃなかったんです」と単純に恥ずかしいですね。メッセージ性に感動していただける部分は何年経っても変わらないだろうけれど、既に作者の手を離れている作品とも思っています。

（動画配信サイト「バンダイチャンネル」掲載「クリエイターーズ・セレクション　アニメーション監督：新海誠インタビュー」２０１４年９月25日より）

「アマチュア動画コンテスト参加の数百人を驚かせようとしただけでした」（要約）と謙虚

な姿勢でしたが、信じられないほど高い映像クオリティが、大きな評判を呼んだことは間違いないです。ただし21世紀初頭、「個人制作アニメの時代が来る」と、筆者含めて大勢の論客が可能性を感じた予想は外れました。この流通形式や制作手法が「新海誠の作家性とマッチしていた」という評価が、現在では妥当だと考えています。

アマチュア発の革新は20年前にも

この快挙を「プロに匹敵する高クオリティのアマチュア映像が歴史を動かした」と抽象化すると、既視感が出てきます。それは１９８１年の日本ＳＦ大会「ＤＡＩＣＯＮ ３ オープニングアニメ」を連想させるのです。前章でも触れましたが、同作は山賀《やまが》博之《ひろゆき》、赤井《あかい》孝美《たかみ》、庵野《あんの》秀明《ひであき》たち後に映画『王立宇宙軍』を制作する会社ガイナックスの中核クリエイターとなる人びとが大阪芸術大学に通っていた時期、８ミリフィルムで作り上げたアマチュアフィルムでした。

それはさまざまな古今東西の映像に登場するＳＦキャラクターたちを一堂に集めた祝祭感あふれるエネルギッシュな作品です。ことに庵野秀明が描くエフェクト・アニメーションは、学生時代から見事なものでした。庵野はこれを契機に上京してテレビアニメ『超時空要塞マクロス』（82）に参加し、板野《いたの》一郎《いちろう》に師事してプロとしての腕を磨きます。そしてそのエフエクトは1983年の「DAICON 4　オープニングアニメ」で独特の緻密《ちみつ》さとリアリティを宿した斬新なものに進化し、突出したものとなりました。

その最大の理由は「誇張と省略」を是とするアニメーションの常識を破ったことです。プロであれば生産性を意識し、納期厳守のためリソース配分を加減します。細かく描きこまず、作画枚数もミニマムにする。ところが当時の庵野秀明たちはアマチュアゆえ「加減を知らない」。それが観客を驚きに導く作画クオリティに昇華したのです。庵野と同じ「テレビアニメ第一世代」の若者たちがアニメブームでクリエイションを触発され、慢性的な人手不足のアニメ業界へと飛び込んでいき、随所で「クオリティの基準」を更新していた。その最中の出来事で、アマチュア・プロの越境が時代を変えたのです。

そして『ほしのこえ』にも、個人制作ゆえの常識破りがありました。それは、主に「アニメーションとは動くことに価値がある」という古典的な価値観の破壊です。具体的には「背景美術」と「撮影」に制作リソースを集中することで静止画を処理し、クレディビリティを高める方法論を採用しました。雲の移動や光源の推移など微細な変化に想いを託し、空気感や光の処理で「物語る」方向性によって作品をまとめたのです。

「アマチュア発によるルールの根本的な変更」が、史上2回起きているのです。「手塚式リミテッド・アニメ」にも「アニメーションのプロならそんなことはしない」という点で、やはり共通性があります。こうした変化が拡散した結果、「日本製ANIMEの特質」が形成され、そこに独自性が宿ったと筆者は考えています。両者の20年、ワンジェネレーションの時間差も意味深で、偶然とは思いがたい。2002年から2003年は、アニメ業界のアナログ制作からデジタル制作への移行完了時期ですから、そこにも同期しています。もともと変わりつつあった「ルール変更」を『ほしのこえ』が加速し、方向付けたと見ることも可能でしょう。

ネイティブなデジタル制作でスタートしたキャリア

1990年代前半まで、アマチュアがアニメーション映像を制作するためには、コマ撮り可能な8ミリカメラとフィルムが必須《ひっす》で、どちらも高価なものでした。高いわりにテレビ用の16ミリ、映画用の35ミリと比べて8ミリの画質はかなり貧弱です。商業アニメでは量産のため、動かす部分を主線（アウトライン）とベタ塗りの「セル」で表現し、バックを水彩の静止画「背景」として描き、レイヤーを分離します。両者は撮影台で組みあわされ、1コマずつフィルムに焼きつけられる。しかしこの「セル画と背景」もアマチュアには高コストであり、線画と薄い色づけによるペーパーアニメーション作品が主流でした。

「DAICON 3 オープニングアニメ」は8ミリ制作ながら、商業作品をお手本としてセルアニメに挑戦しています。アマチュアの場合、セル板にカゲが出ないよう絵の具を薄く塗ることすら難しいし、背景とセルを組んで撮影するとき、無反射ガラスで押さえながら照明をフラットに当てること自体、かなり難しいはずです。また、動画以後の「トレス・ペイント」は膨大な人的リソースを必要としますが、それを学生ボランティアの大量動員で解決しました。越えられないはずの「プロの壁」を突破したことを含めて、常識を破壊し大きな話題になったのです。

『ほしのこえ』の直後、２００３年のトークイベントに呼ばれて議論したところ、プロのクリエイターから「制作環境に関しては、今やプロとアマチュアは本質的に変わらなくなった」と断言されたことがあります。注目すべき変化は、セルがデジタルペイントになったこと。そして「撮影」の変化です。アナログ時代、カメラを据えた「撮影台」はクオリティの最終関門でした。これは極めて特殊な機械で、接近後退のストロークをとるため2フロア分をブチ抜くような高さが必要です。おまけにガタつきを防止しながら素材を移動させるギア機構は実に精密ですし、光を合成するためのバックライト（透過光）やフィルタワークなど、使いこなすにはかなりの専門性が必要でした。

それに対し、デジタル制作の「撮影」には「コンポジット（合成）」用アプリケーション（Ａｄｏｂｅ社製「After Effects」が標準）を使います。背景の画像データと、デジタル彩色されたセルに該当するデータをひとつの画面に組み上げ、特殊なフィルタを内部処理します。視線を誘導するための光や陰影も自在にかけられるし、高価だったフィルム代も気にしなくていい。現像所に出すタイムラグもなく結果を確認できるので、エラーが起きても納得いくまでやり直しが可能です。

新海誠はゲーム会社時代に映像制作ツールの経験があります。独立後は新しい環境で何ができるのか、どんな映像が見えるのか、徹底的に試したはずです。アニメ業界の撮影監督たちも挑戦していた時期ゆえ、すべてが新海誠由来とはできませんが、空気感や温湿度感を実現し、光を強調しつつ、人間の見た目に寄り添いながら「心情を画《え》に乗せる世界観主義」を実現した点で、「その後の方向性」をリードしたと言えます。

商業メジャーへの進出、東宝との座組

新海誠の躍進には、アマチュアクリエイターを個人作家としてプロデュースする会社コミックス・ウェーブの存在も大きいです。同社はリリースまで生活費などをサポートしてクリエイターをじっくり育てる方針をとりました。漫画雑誌による新人発掘と育成の方法論を、アニメに適用したのです。

『ほしのこえ』の成功を機に商社出身の川口典孝《かわぐちのりたか》プロデューサーが新海誠監督用の現場を構

築し、商業作品に近い分業とチームワークによる定常的な作品制作の現場を構築して次の段階が始まります。そして2007年には独立してコミックス・ウェーブ・フィルムを設立し、新海誠監督作品を発表し続け、海外セールスも拡大させていきます。

長編『雲のむこう、約束の場所』(04)、オムニバス作品『秒速5センチメートル』(07)、長編『星を追う子ども』(11)などの作品群が『ほしのこえ』以後のラインナップです。他にも作家性重視のNHK向け短編やコマーシャルフィルムなどが多数あります。

中編『言の葉の庭』(13)で映画会社の東宝と組んだことを契機に、よりメジャーな場への進出が始まります。ちょうど川村元気《かわむらげんき》プロデューサーがアニメーション事業を急拡大し、「TOHO animation」のブランドを確立した時期です。そのプロジェクトの成果が超ヒット映画『君の名は。』(16)なのです。川村元気からのリクエストは「新海誠のベスト盤をつくってほしい(CDアルバムにたとえた表現)」だった。つまり「作家性の集約」によるメジャー化が企図されて誕生したヒット作なのです。

「個」の時代が求めた作品性

新海誠作品は、キーワード「セカイ系」によって論じられることが多いです。この言葉にはいくつか定義が存在しますが、筆者は「個人の問題とセカイの問題が直結する作品傾向」

と理解しています。「どんな願いでも叶《かな》えられるアイテム」などの特殊な設定を使って「世界の変革」ないし「願望の成就」を描いた作品は、20世紀末から21世紀初頭にかけて急増していきました。

ところが現実世界では願望成就のためには「社会」があり、それを会社や部署など何階層かに分割した領域で、個人の努力と協調が求められます。とは言え、その努力は報われない傾向にありますから、「世界」のほうを書き変えて幸せになりたいというわけです。その努力の意識が欠落し、「世界」に直結させるのは「チート（不正）」願望だという点で批判もされ、カタカナで「セカイ系」と呼ばれるようになりました。この進化形が「異世界転生もの」です。重労働で報われない主人公がトラックや電車で事故に遭い、死んでしまう。目ざめてみるとオンラインゲームのような中世風異世界に転生している。新たに得た環境で主人公は本来もっていた才能や特殊能力を発揮し、ストレスなく願望を叶えていく……といった定型のあるサブジャンルです。

そのように「個」が肥大化し、社会性とは別の面で何らかの「承認」を求める傾向は、「ネット・コミュニケーション」の常態化と並走して急加速しました。旧世代から否定的にとらえられることも多かった現象ですが、筆者なりに共感もできます。

インターネットの効果・効能は多岐にわたりますが、かつて通信系のエンジニアだった筆者がつかんだネットの本質は「中ヌキ」です。

通販業者は問屋・小売りを通過せず、ダイレクトに商品を顧客へ届ける。動画配信は映画館や放送局を介せず、観客に直接作品を見せる。ある世代以後は生まれたときからその「中間排除」の環境で生まれ育ちました。ならば「社会」も中ヌキできるのではないか。そう考えるのは自然です。個に重点をおくネットの特質は「コミュニケーション＝人の意思疎通」で顕在化します。SNSは音声も「中ヌキ」し、思考直結に近い文字を使う。「テレパシー的コミュニケーション」を重視するのが、現代の若者です。

昭和の高度成長期からしばらく、大衆娯楽は「個」とは逆の「人の絆《きずな》」や「団結」など社会性を重視してきました。スポーツアニメ、部活もの、ロボットアニメ、魔法少女アニメはチームワークを重視する。アニメもまたその強い影響下にあるのです。しかし時代が平成になってから10年あまり。バブル経済崩壊後は、日本社会が激変します。電子機器で娯楽も趣味もコミュニケーションも変わっていくにつれ、「個の追求」が強まっていく。

そんな時代性の急変期に、新海誠が登場したのです。ファンの中には「自分の気持ちが分かっているのは新海さんだけです」と語る人も多い。つまり「ネット時代が求めた新しい作家の代表」なのです。

自己分析は「欠落やギャップがキー」

では新海誠監督自身は、どのように自作を考えていたのか。先述のインタビューで新海監督は、当時公開されたばかりの『言の葉の庭』のテーマを〝孤独という状態を否定しない〟と位置づけました。制作動機を「孤独のまま立ちすくんでいる大勢の人に向けて、ひとりで誰かを求めている状態をむしろ肯定し、励ますような作品にしたかった」と語る新海監督の姿勢は、『君の名は。』以後にも引き継がれていきます。

さらに過去作に関し、「『欠落』や『ギャップ』がキー」と総括しています。

『ほしのこえ』の場合は宇宙と地球の「距離」、『雲のむこう、約束の場所』では「現実と夢」、『秒速5センチメートル』はシンプルな「遠距離恋愛」で、これが『星を追う子ども』になると「地上と地下」や「生と死」という距離感になります。

（同サイトから引用）

この応用編としての『言の葉の庭』におけるギャップは「年齢差」で、「現実世界」のドラマとして描くことにより、「大人と子供」という点で社会性が発生したと、自身で明確に「脱セカイ系」を言語化しています。だからこそ『君の名は。』以後の3作品では、いずれもどこかに「社会性」が自覚されているわけです。

さて、『ほしのこえ』でとった方法論に関しては、こう語っています。

大学4年の時の『新世紀エヴァンゲリオン』(95)で、特にラスト2話ですね。まるで動かず声だけなのにものすごく緊張感があって、ショックを受けました。同時に「これなら手間的に自分も作れるんじゃないか」と(笑)。庵野監督の『彼氏彼女の事情』(98)も弟に貸してもらい、あのエッジの効いた演出の学園ものと『エヴァ』のラスト2話の手法は、『ほしのこえ』をつくる直接的なきっかけだと言えます。(中略)なのできっかけというより手法や発想の影響を受けたんですよね。劇場版『パトレイバー』も念頭にあって、レイアウトや風景だけで見せたり、動かさずに30秒の長台詞にするみたいな点で、「最低限の物語さえあれば、アニメっぽい映像ができるかも」と思いました。今考えるとかなり浅はかな受け取り方で、ホントに恥ずかしいんですけど(笑)。

(同サイトから引用)

新海誠作品で真っ先に話題になる「風景の美学」への意識についての原点です。

『ほしのこえ』発表時に筆者が注目した特徴は、「ラブストーリーなのに2人の触れ合いがほとんど存在しないこと」でした。ドラマの基本となる「接触」よりも、人のいない風景、あるいは登場人物が見つめる風景のカットが多用されている。セリフにしても大半が弁証法的な「ダイアローグ（二者の会話）」ではなく「モノローグ（独白）」なのです。これは「物語」として特殊なことで、「ポエム（映像詩）」に近い印象はここから来ています。

一方で「風景に託して言外の感情を伝える」は、もともと高畑勲《たかはたいさお》・宮崎駿《みやざきはやお》らを契機に大きく発展した日本製アニメの特徴の系譜に位置づけられます。本書ではここを重視したいです。さらに『機動警察パトレイバー』『新世紀エヴァンゲリオン』ですでに実現されていた「背景美術の重視」の傾向は、新海誠監督によって、さらに強化された。すべてが「世界観主義」の系譜上で一本の線に結ばれています。

新海誠以後の深夜アニメでは、演出用語「BGオンリー」のカットが目立つようになりました。「BG」とは「バックグラウンド（背景）」の略で、「オンリー」は手前にセルのキャラクターがいない状態を意味します。つまり「キャラの代わりに背景を見てくれ」が演出意図で、キャラの出入りもありません。シーン（舞台）が転換したときに説明としてよく使われる手法ですが、新海誠監督は風景そのものを主役級にとらえた演出を効果的に提示しました。そして『エヴァ』の影響も含めて「背景主体」の映像が増えていったのです。

舞台劇と映画では、人のいない風景を「空舞台《からぶたい》」と呼びます。逆に幕が上がったときから役者が舞台にいる状態を「板付き」と呼び、演出としては厳密に区別します。これはシーン単位に関する区別ですが、カット単位でも空舞台に被写体がフレームインしてくることで「ドラマの予感」が生じ、意味が発生します。舞台に人の出入りが始まり、役者と役者が絡み、芝居やセリフに乗せて情の動きが生じることが「劇（ドラマ）」の本質なのです。その葛藤《かっとう》（コンフリクト）が内圧を高め、クライマックスでカタルシスが起きて解放され、感情が観客と共有される。これが一般的な「作劇」のセオリーです。だからアニメーション文化でも「人の動き」による表現が重視されてきたわけです。

ところが初期新海作品は、そのセオリーとは根源的に異質です。むしろ光や雲の変化に動きをつけ、淡々としたモノローグを重ね、時に言葉を途絶させる。代わりに落ち着きのある音楽がカットの断層を貫きます。この積みかさねで、大きな情動が観客側で自発的に醸成されます。美術が「作品の世界観」を主張し、目立たない領域で心理の奥底深く作用する。だからクライマックスで観客は「風景と心情」を登場人物と自発的に共有し、カタルシスを覚える。物語性のある作劇にはなっていて、ポエムと同じではないのです。

新海誠監督作品に多い独白も、絵コンテ上では「ＯＦＦ」として音響の現場に指示するものです。動きや出番のある「ＯＮ」の逆の意味です。後ろ向きなど口の写らないカットも「ＯＦＦ」になりますが、アメリカ作品では誤解なく伝える目的でリップシンク（口の動きへの同期）が重視されるため、背景だけ声だけの「ＯＦＦ」演出は避けられています。この「ＯＦＦ」こそが、新海誠作品において観客の想像する余白を生むものなのです。

風景、独白、音楽……。すべて感性主体で、そこにロジカルな関係性や因果はありません。だから「映像詩」とも呼びました。しかし新海誠監督の意識としては、それこそが「物語を語るためのツール」です。多くの観客は「キャラクター」に注目し、その変化を求めるものです。「空舞台」も「ＯＦＦ」も、観客に想像力や読み解きの努力を求めるものですから、新海誠の作家性は決してメジャー向きではなかったはずなのです。

主観的な世界のルック変更が重要

次に注目すべきは撮影（コンポジット）による「画面のルック調整」です。

メイキング映像によると、新海監督は上がってきた背景に対し、パソコン上で細かく調整を加えています。建物のエッジなど光が集まるハイライト部分を強化し、窓の反射光はさらに輝くようにする。逆に建物の陰になった暗部はシメて、視線誘導を意識しつつ随所を加工しています。美術監督が水彩調で描いてきた要素や味わいを尊重しつつ、独特の「シズル感（みずみずしさ）」を強調している。デジタルツールは同じでも、どこに主眼を置くかによって結果は違ってきます。そこに新海誠独自の作家性が宿るのです。

この「画面全体のルック」で大事なキーワードは「ダイナミック・レンジ」です。もっとも明るいところから暗いところまで何段階に分けて表現するか、これを「階調」と呼びます。肉眼と脳は視界全体の明暗を判断して階調を適切に調整するため、夜でも明暗の差を見分けることができるのです。近年の大型テレビには「HDR（ハイ・ダイナミック・レンジ）」機能が実装され、明暗を見やすく調整してくれます。これと同じ原理です。

新海誠は「階調の微細さ」にも自身の美学をこめ、その点で他の作品と一線を画してきました。特に「光と色彩の変化」に関しては鋭敏かつ繊細で、感性を刺激できる域に達しています。そこに視覚的なリアリティが宿るのです。

筆者は『言の葉の庭』の画面づくりで、そのひとつの達成を実感しました。梅雨時で湿度の高い空気の中、ビニール傘が登場する。手前奥に降る雨、傘についた水滴、中に見える人物、その奥に見える傘の内側、それを通して見える水滴、さらにその奥に見える木々など、透明度や反射が微妙に異なる被写体が複雑に重なりあっている画面の連続……。この「透明感」をすべて階層別に描き分けたことに驚嘆したのです。

そもそも「線」と「ベタ塗り」を基本とするアニメ表現は、歴史的にも「透明な水」の表現が苦手でした。なのに「透明」の種類を見分け、何層にも重ねて厚みを出した。他のアニメにはない「世界の奥行き感」の生成が衝撃でした。ヴァーチャル・リアリティに近い域に達した情景が、梅雨期でこそ成立するウェットなドラマと一体化していたのです。

新海誠監督は「空に浮かぶ雲」の表現が得意だと言われています。そこにも同じような、明るさと濃淡の階調の微細な描き分けの意識が見られます。だからこそ雲が主役級の存在感を放っているのです。そもそも雲は光の乱反射による水蒸気の塊で、空のレイヤーの前に位置しています。その密度は一様ではない。空が光源となって雲を透過した光は二次反射し、手前の雲が遮って暗くなる部分もできる。さらに回折現象により輪郭に明度の上がった部分も生じる。多層に重なる雲ではさらに複雑化しますし、形状も二度と同じにならない。この複雑な水と光の挙動に対し、統一感のある意識で繊細な調整を加えることで有機的な表現に転化させ、物語に貢献する美意識へと高めた。それにより「ルックによる世界観」が醸成され、心理に深く作用する。そこに新海誠の魅力の根幹があるはずです。

新海誠の「光に鋭敏な特性」は、出身地・佐久《さく》が盆地であることに起因するとも、別のインタビューで語られていました。山の稜線《りょうせん》が高いため、太陽は早めに沈んでしまう。一方、空はなかなか暗くならない。朝夕の薄明かりの時間が長く続く……。

人間の脳、特に視覚は誰もが同じではありません。網膜への光学的なインプットに対し、どう把握するかは認識を規定する「脳」次第だからです。繊細な光学特性の違いが分かる土地で育てば、脳はそれに適応して成長し、アウトプットも微細にコントロールできるようになる理屈です。「色」も「光」に含まれます。光源から被写体に当たった反射光が空気を通り、網膜に到達した光の刺激が脳で「色」に認識される原理ですから、「光の分解能」が高ければ必然的に「色彩のダイナミック・レンジ」も広がります。

出版された『言の葉の庭』の絵コンテを見ると、その設計時から陰影の配分とキーカラーの遷移に配慮したこだわりがうかがえます。これをビデオコンテにして実時間をもつタイムラインに展開し、明暗の推移やリズム、音楽と声（言葉）による作用を検証し、調整する。こうして映画全体のエモーションを光でコントロールすることで、「新海誠の世界観」が磨きあげられていくのだと、そのように絵コンテを読み解けます。「光の感覚」に依拠する統御が、感動の潜在力を極限まで高めているのです。

商業スタジオ発ではない独自性

新海誠監督は、深夜枠のテレビシリーズ制作などの量産を控えてきました。その結果、独自性のある制作手法が研ぎすまされ、「新海ワールド」なる「独自の世界観」は世界中でファンを獲得しました。「プロのフィールドで活躍するアマチュア発の作家」としての充分な名声も獲得した。その特性を保持しつつ、娯楽映画の枠組みに挑戦した勝負作が『君の名は。』なのです。

結果は新世代の感性に寄り添った主題や表現で、スタジオジブリ級の国民的ヒットとなりました。注目すべき最大の特質は興行収入の総額の多寡ではなく、「商業アニメスタジオ発ではない監督が商業的にナンバーワンとなった点」です。「アニメ業界外から来て純度の高い作家性で新風を吹き込んだ」という意味では、大友克洋《おおともかつひろ》監督に似たポジションです。

商業アニメ監督の多くは、既存のアニメ制作スタジオに入ることでキャリアをスタートさせます。作画部門（アニメーター）や制作部門（進行やデスク）を起点とすることが多く、美術、撮影、デザイナー出身で監督に就任するケースもある。近年では脚本家、考証家から監督になる方もいて、一様ではありません。「監督は作品をまとめる責任の役割」に過ぎず、「こういうキャリアパスが必要」という条件はないに等しいです。「ディレクション」が意味する「方向づけ」と「現場をまとめる能力」が重要なのです。

アニメ制作とは、ヒューマンリソースを消費することで成立する労働集約産業です。20世紀初頭、職人技をベルトコンベア式の分業制に変えて自動車産業が急成長したように、アニメもまた職能を分け、カット単位で分割することで、量産を可能としました。つまりアニメスタジオの本質は「工場」なのです。この発想は漫画原作つきアニメと相性が良い。漫画雑誌で提供される大量の原作から選《え》りすぐりを受け入れることで、プリプロダクション（物語、キャラクター、舞台、設定的世界観などの開発）が済んだ状態で生産（プロダクション）に入れる。日本のアニメ業界が作品を常に量産できるのは、この構造によるものです。近年の韓国ドラマの躍進も、量産されるWeb漫画を原作の供給源とすることで類似の構造を獲得したことが基盤となっています。

しかし、第4章の『ホルス』の事例で紹介したように、アニメスタジオ側にオリジナリティや主導権のある作品づくりの理想は「制作現場に集まった人の数だけ多様なクリエイションを持ち寄り、その化学変化で個人的創造性の限界を突破すること」にあります。だからアニメーションはダイバーシティを統合した芸術になり得るのです。東映動画の血をひくスタジオジブリの「理想」もその性質をもっている。「工場」よりもむしろ職人集団が成立させる「工房」に近い発想と方法論です。

ところが新海誠は「工場」「工房」のどちらでもない「個人制作」からスタートしました。最初から「監督＝作家」の完成形としてデビューしたのです。自身のスタジオを持つに至り「工房を構えた」とも言えますが、そこでのアニメ制作のワークフローは新海誠の手法に最適化されている。それゆえに、他の工房的な性格をもつスタジオとは少し違うバリューを宿した作品が生まれるのです。

あらゆる点で予想外、『君の名は。』の超ヒット

ここからは、歴史を大きく変えた作品『君の名は。』（2016年8月26日東宝系公開）を事例に新海誠作品の特質を掘り下げます。

公開初期の規模は全国296館、当時の新海誠監督の知名度を考えれば破格の数でした。初週の興行収入（以下興収）は12・8億円とロケットスタートを切ります。通常の映画はここから次第に落ちますが、本作は異なる現象を引き起こしました。話題が話題を呼んで動員が拡大し、リピーターの多さに支えられて1年間のロングランを達成。公開翌年8月上旬の50週目で、通算250・3億円に達したのです。当時の歴代興行ランキングでは第5位『ハウルの動く城』（196億円）と第4位『ハリー・ポッターと賢者の石』（203億円）を抜いて、第4位を獲得。『君の名は。』の上は3位『アナと雪の女王』（255億円）、2位『タイタニック』（262億円）、1位『千と千尋の神隠し』（304億円、当時は再上映を経て308億円、後にコロナ禍の再公開で316億円に増大）で邦画第2位をマークしました。空前の快挙です（億未満は切り捨て）。

現在では2020年公開の『劇場版 鬼滅の刃 無限列車編』が404億円で第1位、また2019年公開の新海誠監督作品『天気の子』が142億円、2021年公開の『劇場版 呪術廻戦 0』が138億円、2022年公開の『ONE PIECE FILM RE

D』が１９７億円と、アニメ映画で１００億を超す「景気のいい数字」は珍しくなくなりました。同年11月の『すずめの戸締まり』も１００億円を超えて、どこまで伸びるかが期待されています。この活況の全体に、『君の名は。』がアニメの観客層を一般にまで拡大した影響が強く反映されているのです。

２０１０年代前半までは、ジブリ以外の劇場アニメの成績には「10億円の壁」があると言われていました。『ドラえもん』『名探偵コナン』などの定番興行でも30億円台で横ばいの期間が長かった。アニメファンには「好事家《こうずか》」の側面があり、マーケット的に狭いものだったのです。１００億円ともなると、大予算の洋画超大作でもなかなか突破できません。本来は映画それ自体に興味のない人びとを動員しなければ達成できない数字ですから、「社会現象」と言って間違いないでしょう。

本作は作品評価でも高い地位を獲得しました。第20回文化庁メディア芸術祭、第40回日本アカデミー賞、第71回毎日映画コンクール、東京アニメアワードフェスティバル２０１７などで賞を総なめ。海外での評価も高く、日本公開から3ヶ月後という異例の早さで中国公開となり、他にもアジア圏を中心に各国でヒットしています。

それなのに『君の名は。』がアニメ業界で公開前、それほど注目されていなかったのは、今となっては不思議でしょう。作り手側の当事者たちも40億から50億円と読んでいたはずです（これは細田守《ほそだまもる》監督が達成した数字です）。その希代の成果は、「中高生の動員」が初期を牽《けん》引《いん》した結果とされています。ＳＮＳ上では実にシンプルな手段「興行収入を観客動員で割る」によって、学割使用者が初期数週間では圧倒的多数だったと分析されていました。「ティーン層に予想外の訴求があったとき、状況が激変し、ルールが更新される」は、歴史的に見て１９７７年の劇場版『宇宙戦艦ヤマト』のヒットに連なっています。そうした点でも本書では特別に注目しているのです。

歴代ヒット映画のタイトルを並べると、なぜ『君の名は。』が事前に注目されていなかったのか、その理由が見えてきます。大ヒット作の大半は観客にとって「鑑賞前の保証」があります。ジブリ、ディズニーは定評の高いブランド作品ですし、『ハリー・ポッター』は原作小説がベストセラーです。近年興収１００億円を突破した『劇場版 鬼滅の刃 無限列車編』『シン・エヴァンゲリオン劇場版』『劇場版 呪術廻戦 ０』も原作漫画やテレビアニメで実績があり、ヒットがある程度約束されていたと言えるでしょう。

しかし『君の名は。』には、事前保証や後ろ盾がまるでありません。「大衆に知名度のない作者の完全オリジナル映画」です。だからこそ、「快挙」と言えるのです。

計算され尽くした『君の名は。』の物語構造

ここで、それほどのヒットを成し遂げた物語はどういうものだったか。目を向けてみましょう。

男子と女子、高校生同士の「入れ替わり」と、アニメらしいライトな設定を軸に物語が進んでいきます。「引き裂かれたカップル」を設定し、その2人がどう惹《ひ》かれあうのか……。新海誠作品でくりかえし使われてきたモチーフです。ところが「肉体の入れ替わり」だと「本人の魂」には直接会うことができない。「究極の引き裂かれ」が登場し、先述の「ギャップ」も意識されています。

主人公のひとりは東京・四ツ谷駅付近に住む平凡な都立高校生・立花瀧《たちばなたき》。彼と入れ替わる宮水三葉《みやみずみつは》は、岐阜県飛騨《ひだ》の糸守町《いともりちょう》（架空）で神社の巫女《みこ》をつとめる女子高生です。当初、「入れ替わり」を夢の中の出来事と思いこんでいた2人は、次第に現実だと認めて、興味を深めていく。男女の壁を越えた、テンポの良いラブコメディとして物語はスタートします。2人がスマホのメッセージを介してコミュニケーションをとるのも、現代の若者に強い共感を生んだポイントでしょう。

ストーリーテリングは、エンターテインメント映画の定型「三幕構成」で進みます。「第一幕」は「入れ替わりが突然の終了をむかえるまで」で、「発端」に定義づけられます。人物の基本設定や人間関係、背景等の情報を積み上げる仕込み段階です。

この導入部では新海誠の得意技「主観による風景の変容」が効果的に使われています。たとえば田舎住まいの三葉は都会に憧《あこが》れているため、「入れ替わり」が起きたとき、相手の瀧を包みこむ四ツ谷から新宿にかけての都市風景が変容します。「これが東京？」と思えるほど美しい輝きを宿すことになる。その美観は三葉の主観による認知バイアスが関与したもので、「三葉の世界観」を観客に示すものなのです。当然、三葉の姿をした瀧のほうも、山林豊かな糸守町の風景を瑞々《みずみず》しく見つめることになる。こうして両者の世界観が、視覚的に観客と共有されていくのです。

「世界をどう見ているか」が伝わるからこそ、観客も瀧と同様の憧れと後の危機感を切実に受け止め、共有し始める。この物語は新海誠監督による「世界観コントロール」が徹底されているからこそ、格別のものとなっていくわけです。

「第二幕」は「対立・衝突・葛藤」など、意外性が物語展開にドライブをかけるブロックです。「入れ替わり」を楽しんでいた瀧は、そこに重大な事件の存在を感じとる。目的意識が生じ、受け身をやめて積極的行動に「転換」するのです。この「転換」も新海誠監督で、おなじみのものと言えますし、「入れ替わりを夢として安易に楽しんでいた瀧の世界観」そのものも大転換します。

三葉とのコミュニケーションが途絶した理由、手がかりを求めて調査を深めた瀧は、ティアマト彗星《すいせい》の落下が招いた大災害に行き当たる。「入れ替わり」の本質は、過去からの救難メッセージだったという、巧妙な時間トリックによる「引き裂かれ」の正体に気づく。ここで瀧の世界観は「大量死を回避できなかった罪悪感」を宿し、それが「クレーターと廃墟《はいきょ》」としてビジュアル化されます。「やり直しのチャンス」（世界のリセット）という後半の目標も同時に明らかとなります。

この「罪悪感とその解消」の寓意《ぐうい》は、もちろん2011年の「東日本大震災」と響きあうものです。それは最新作『すずめの戸締まり』ではより具象的なテーマとして前景化します。絶望的なまでの破壊と大量死に対し、「何かできることはなかったのか」と、人々は後悔、自罰、願望などを胸に秘めて日々を過ごしてきた。その「奇跡への渇望」を、この映画はうまく代弁しているのです。

「奇跡」を起こせるアニメ映画の特性

「第三幕」は、感情的な起伏が頂点を迎えつつ、すべてがゴールへと集約していく、「解決」のブロックです。『君の名は。』の場合、時間トリックで引き裂かれた2人が、それぞれ本来所属する時間領域で行動を始め、苦難を乗り越えていく。そして本来なら不可能な「めぐり逢《あ》い」が成就する。別個の肉体、別個の時間軸に分かれていたはずの世界観が合体し、

「奇跡」が起きるのです。

ここではキーワード「奇跡」に注目しましょう。それは日本のアニメ映画が連綿と描いてきたものでもある。別の言葉で再定義するなら、「不可能性の克服と可能性への逆転」のことです。作者や物語の都合による「天から降ってくる奇跡」ではありません。そこには変化のプロセスとして登場人物の積極的行動も必要です。

中でも重要な展開は、2カ所に集約されます。まず瀧が仲間たちと離れ、自分の意思で糸守町を目指して行動を始めるシークエンス。「入れ替わり事件」は「巻き込まれ型」で始まり、受動的でした。しかし、当初受難と認識していた「入れ替わり」を、利他的な救済に使おうとする。この「反転の意思」が重要です。そこで生じる圧力が「奇跡」を起こすエネルギーとなる。それは観客にも伝染し、映画が終わった後でも、内的なパワーを活性化する触媒として心に残り続けます。アニメが描く「奇跡」の最も重要な役割です。

このように抽象化すると、『君の名は。』が、日本の商業娯楽を目的とするアニメ作品が連綿と観客に向けて示してきた「奇跡」の正統な継承者であることが明確になります。メジャー化に際して新海誠監督は、傍観者的な詩的映像よりも、そのパワーを主体的に自覚し、救済に使おうと考えたのではないでしょうか。

この落差や逆転には、地形などの視覚認識が高い伝達性能をもつ特性も巧みに利用されています。瀧はクレーターの「境界」を越え、「異界」へ到達する。洞窟《どうくつ》は、胎内や墓穴など「この世とあの世をつなぐもの」を連想させます。「神の儀式」に通じる口噛《くちか》み酒が奇跡のトリガーになり、瀧は宇宙の成立、地球へ定期的にめぐる彗星の軌道、三葉の生まれ育ちなど、人と世の根源を幻視する。ここで「神事」に通じるスケールの大きな「究極の入れ替わり」が示されます。

2つ目は、山頂のシーンです。奇跡のクライマックスの舞台として、はるかなる高みが用意され、ここでも地形が意識されています。この場面は延長上映時にキービジュアルとして採用され、「このシーンをもう一度観に来てください」とアピールしたほど重要です。1つ目のポイントが地下世界なら、こちらは天に近い場所というのも大事です。最終的に入れ替わった2人は時空間の断絶を越え、全編中ただ一瞬だけの触れ合いを体感します。

この映画はラブストーリーなのに、ツーショットがほとんどない。そんな新海誠の初期作風も出ています。題名のヒントとなった『君の名は』（昭和中期のラジオドラマ、映画）はもともと「すれ違いドラマ」の古典で、男女が出逢えないサスペンスを楽しむものでした。その後継たる本作は、三葉たちが死んで永遠の断絶を迎える「不可能性」を乗りこえ、出逢えることを「奇跡」の中核に置いています。

新海スタイルの演出「風景に託して感情の機微を描く」の頂点「雲の表現」は、このクライマックスを盛りあげるため、切り札的に使われています。刻々と流れて1日の終わりが迫る時間帯、傾き没しつつある陽光の変化を雲の移ろいとリンクさせて的確にとらえ、光の輝かしい美しさが、音楽とカッティングのリズムと共振し、情感を盛りあげます。美的センスをストーリーに付与することでクレディビリティを強化し、時間を可視化して「かけがえのない瞬間」を宝石のように結晶化して、映画世界への没入をいざなう。そんな情感にひたれる2時間弱の満足感を求め、劇場に足を運んだリピーターも多かったはずです。

ただし、この「奇跡」はそれほど都合のいいものではありません。残酷な代償「記憶が消える」も用意されている。最終的に2人が結ばれたかも、リドルストーリー仕立て（結末を謎のままに留保して観客の判断に委《ゆだ》ねる）です。最後はお客さんのものとする、そのバランス感覚もまた、大ヒットの要因でしょう。

深夜、ジブリ、インディーズの三位一体

個から個へ感性を伝える「映像詩」の芸術性を保持したまま、大衆向けにブレイクできた新海誠監督。その達成には「商業アニメーションが育《はぐく》んできた才能の合流」も見逃せません。

具体的には、キャラクター面で深夜アニメの先端を担っていた田中将賀《たなかまさよし》、ジブリアニメを支えてきたベテラン安藤雅司《あんどうまさし》の参加による作画面での強化を指します。それぞれ別の道を走

ってきたトップランナーたちの合流もまたアニメ世界の「奇跡」――。『君の名は。』とは、「日本製アニメの良さを凝縮した作品」「才能の歴史的交差点」と呼べる性格を有する作品でもあるのです。

田中将賀は、「絵柄（キャラクターデザイン）」で時代を牽引するイメージリーダーの1人と認識されています。目のサイズ、瞳《ひとみ》の中の輝きの処理、マツゲの描き方、髪の毛に入るハイライト（照り返し）の形態や分量、眉間《みけん》に近い部分のカゲ、鼻の穴の有無、カゲつけによる立体感、アクセサリーや衣装の着こなしなど、アニメの「絵柄」にもファッション同様「モード」があります。しかも独自性があればいいというわけではない。アニメ制作は集団作業ですから、「美意識」を「大勢で描ける記号」に再定義する特殊技量も必要です（漫画家とは異なるアニメーターの資質です）。

『とらドラ！』（08）、『あの日見た花の名前を僕達はまだ知らない。（通称・あの花）』（11）、『心が叫びたがってるんだ。（通称・ここさけ）』（15）と、田中将賀が脚本家・岡田磨里《おかだまり》、長井龍雪《ながいたつゆき》監督とトリオを組んで作りあげた作品群は、いずれも青春時代のデリケートなニュアンスを伝えるキャラクターデザインによって、大きな支持を得ました。新海誠監督とは事前に通信教育「Z会」のCMですでに組んだ実績もあります。

都会と田舎に分かれた少年と少女が受験会場で出逢うまでのプロセスを描いた短編で、コンセプト的にも『君の名は。』と重なる部分が多い。田中キャラのピュアネスは新海作品とまさにベストマッチでした。

その原案をアニメーションキャラクターに再デザインし、作画監督を兼任したのが、ベテランアニメーター安藤雅司です。ジブリが1989年に行った採用試験の難関を突破した研修生二期生の1人です。動画時代から宮﨑駿たちベテランの薫陶を受けてきたメンバーの中で『もののけ姫』『千と千尋の神隠し』の作画監督を手がけたことでも分かるとおり、日本でトップクラスのアニメーターです。

ジブリ退社後の安藤雅司は、今《こん》敏《さとし》監督の『パプリカ』(06)、沖浦啓之《おきうらひろゆき》監督の『ももへの手紙』(12)、また自身が監督となった『鹿の王』(22)と、比較的リアルで硬派な絵柄の作品を多く手がけています。それが深夜アニメを代表する田中将賀キャラクター、風景に心情を託す新海誠監督と組むということに、驚きがありました。

アニメーション制作協力に、アンサー・スタジオが加わっているのも見逃せません。この場合の「制作」はカット単位で作画や背景の手配・管理をして、スムーズに現場の流れをコントロールする役割です。そのアンサーは「ウォルト・ディズニー・アニメーション・ジャパン」を母体とする会社なので、「本来流儀が異なる4者混合」の作品になりました。日本アニメ史上、屈指の結節点が『君の名は。』なのです。

ですから長年言われてきた「東映派・虫プロ派」の対立軸は、この作品によってついに無効化されたとも考えられます。長年、対立が育んできた進化がここで合流することで、「では次の進化とは何か」と、アニメに関心のある全員で考える時期が来たのでしょう。

新海誠作品は果たして「セカイ系」なのか？

本作は「主人公が過去の災厄を無かったことに改変する」という点で批判も受けました。現実に起きた東日本大震災を連想させるのに、そこに非現実的で安易な答えを出しているのではないかという意味で、「セカイ系」のチートの延長ととらえられたのです。しかし先述の「ギャップ」を重視してきた姿勢、また最新三部作において社会性、公共性をきちんと視野に入れた作家の変化を考えれば、「セカイ系」と方向性が違うのは確実です。

「男女入れ替わり」というシチュエーションによって「都会と地方のギャップ」を際立たせ、「時間差」を適用することで「引き裂かれたドラマ」を多層化している。それゆえ「個人と世界」の認識も一本線ではなく、直結もしていません。瀧と三葉の「誰か見知らぬひとを求める個」にはギャップがありますが、その解消への努力が「走る」というアニメーションらしい行動で描かれているのも見逃せません。クライマックスは、個人の願望に基づくふたりの接触だけではなく、同時に糸守町の人を災厄から救う点で社会性を帯びている。そんな新たなステージに向かったからこそ批判も受けたと思えます。

他ならぬ新海誠監督本人は、この批判にめげることなく、次の作品『天気の子』(19)で「社会を混乱させる自然災厄の解消よりも個に属する感情を優先する」と、姿勢を『君の名は。』以前に戻したばかりか、「それの何が悪い」と主張を強化しています。同作中では大人(社会)の側も「奇跡」そのものを一笑に付して片付けている。これは「個人が社会の犠牲になること」の否定です。価値を多層化して相対的な視点を提示している点で、「セカイ系」とは異質です。

さらに『すずめの戸締まり』(22)では、「現実の災害」東日本大震災そのものを作中に取り入れています。三部作としてセットで考えると、批判をものともせず、果敢に自分の主張を展開していることが見えてきます。災害の風景を美しく描くことは、被災者にとって苦痛かもしれません。作品の開発時点でも議論があったはずです。しかし「それでもなお前に進むことを肯定する」、さらには「誰にでも自分だけに可能なことがあり、生きている意味がある」という励ましのメッセージを伝えたかったのではないか。

筆者は3作目を鑑賞することで、前2作の見え方も変わった気がしました。その「見え方の更新」は「世界観の転換」でもあり、新海誠監督が「世界観重視」で物語ってきたからこそ、起き得る現象と言えるでしょう。そこには映像主体で語る「アニメだけが可能とする奇跡」の片鱗《へんりん》も見えます。さらなる発展的な考察や読解を触発する数々の要素が、『すずめの戸締まり』に発見できるように思います。

× × ×

アニメには、小説、漫画、あるいは実写映画とも異なる特質がある。他の芸術分野で確立したものではない、新しい方法論とその分析が必要なのです。しかし、いつまでたっても「ストーリー、テーマ」ばかりが文芸的に語られる。「だったら同じものが小説でも描けるのではないか」と筆者は主張し続け、10年以上が過ぎました。

『君の名は。』は、そうしたことを再確認するうえでも絶好の作品でした。なぜなら新海誠自身による小説版が先行して発売され、公開時すでに50万部を突破していたからです。ネタバレ忌避の世の中なのに、すでに小説で内容確認済みの人たちも劇場に殺到した。いま問題になっている「ファスト映画」「倍速視聴」、つまり「ネタ」だけを問題にする受容とは、真逆の現象が起きていたわけです。

アニメには「ストーリー、テーマ」だけで語りきれない「魅力」が確実にある。その根拠は、その気になればいくらでも発見できます。「魅力（チャーム）という魔法」が積み重なり、ときに「奇跡」を体感させてくれる。だからこそ、「言語による小説を超越する現象」

も起きる。そこで起きる変化は、未知の扉を開くものです。

しかし、こうした特殊な現象、アニメの特質の多くは論客からスルーされがちです。その魔法の多くも、いまだにうまく言語化されていません。決して先行する何かだけではすまない地平をめざし、筆者も自分自身の世界観をアップデートしつつ、みなさんといっしょに挑戦を続けていきたいです。

新海誠監督とその作品群は、そんな挑戦にヒントと勇気を多くあたえてくれるものだと考えています。

あとがき

発端は約6年前、スタジオジブリの雑誌「熱風」２０１７年2月号でした。特集「日本のアニメーションはどこへ行くのか」の中で「２０１６年は、日本のアニメーションにとって歴史に残るべき大変な年になった」と題された筆者のインタビューが載っています。それは『君の名は。』のヒットは「生まれたときからデジタルアニメしか見ていない層が支持した」からという筆者の主張が、編集部に着目されたからです。同じ２０１６年は、庵野《あんの》秀明《ひであき》脚本・総監督、樋口《ひぐち》真嗣《しんじ》監督・特技監督の映画『シン・ゴジラ』も高い評価を受け、片渕須《かたぶちす》直《なお》監督の映画『この世界の片隅に』は異例のロングラン、京都アニメーション制作・山田《やまだ》尚子《なおこ》監督の映画『聲《こえ》の形』もヒットしています。

そして２０１７年は、国産アニメ１００周年として日本動画協会やＮＨＫなどが動き、イベントや番組を打ち出していきます。そうした中、東京国際映画祭でご一緒してきた旧知の井上伸一郎氏（当時・ＫＡＤＯＫＡＷＡ代表取締役専務執行役員）から「『熱風』の記事をもとに新書を書かないか」とお声がけがあったのが出発点です。それなのにこんなに時間を要してしまい、大変に申し訳ありません。

「熱風」の記事は、アニメと特撮とが融合した「テレビまんが」と「アニメージュ」の関係を語ったもので、その話題は同誌2022年5月号から「昭和アニメージュの功罪　テレビまんがの死と再生」として連載で展開中です（全12回で完結予定）。

また日本経済新聞夕刊では、2017年4月5日から「鑑賞術　時代を変えたアニメ」と題して4回のコラムを連載しました。サブタイトルは「『ヤマト』と『ガンダム』　濃密な世界　作り手に光」「攻殻機動隊　技術と芸術、クールに凝縮」「千と千尋の神隠し　3世代呼ぶクラシック」「君の名は。　デジタル革命の成果結実」となっていて、これが本書の骨子になっています。

このコラムをもとに書き足しをして、一度かなりのラフで書き進めてはみたのですが、「事実の羅列」になってしまい、どうしても面白くなりません。そこで1回書いたものの大半を捨てました。もう一度まとめ直すとき、近年「異世界転生もの」などでの用法が気になっていた「世界観」を本来の意味に戻し、主軸となるキーワードとして検討したのが、現在の本文となっているものです。

2018年から明治大学大学院では特任教授となり、しかも途中COVID-19によるコロナ禍でオンライン講義への対応をせざるを得なくなるなど、言い訳めいた事情は数限りなくありますが、結局は個人の事情に過ぎないのでこの辺にしておきます（特任教授は2023年3月で任期満了）。

モタモタしている間に「日本のアニメ史」や「日本のアニメ作家」を扱った本が何冊も出てしまいました。書き手の大半が知り合いなので、出遅れた忸怩《じくじ》たる思いは大きいのですが、先のような書き直し措置をしたため、むしろ新たな視点で語ることができました。

粘り強く付き合って数々の有益なご指摘をしてくださったKADOKAWA 学芸ノンフィクション編集部の井上直哉さん、氷川をサポートしてくださったNPO法人アニメ特撮アーカイブ機構（ATAC）事務局長の三好寛《かん》さん、辻壮一さん、きっかけを作ってくださった井上伸一郎さんに、厚くお礼申しあげます。

最後に、「アニメの歴史」を探求して面白いなと思うところを述べます。それは、「アニメ業界、作品、ファンとの関係性、映像技術、世界観構築」などなど、構成するエレメント、そのすべてに「生命が宿っているところ」です。しかも全部に有機的結合がありますから、全体がまるでひとつの生き物のように思えるんですね。そして個々の生命体が影響をあたえあって、進化した新たな子孫を大量に残すような発展が続いてきた。その点で、いわゆる

「一は全、全は一」と見ることも可能という希有《けう》な芸術形態です。それ自体がひとつの「奇跡」と思えるほどに。

そんな奇跡を発見する人が増えればいいなと常々願っていますし、その一助となれば、こんなに嬉《うれ》しいことはありません。

氷川竜介

2022年12月18日

本書における日本アニメの流れ

西暦	出来事
１９５８年	東映動画が初のカラー制作による長篇漫画映画『白蛇伝』を製作し、商業作品提供の定常化を実現。それは戦後ベビーブーマー（団塊の世代）の成長による「子ども産業」の一端であった。
１９６３年	手塚治虫と虫プロダクションが30分連続テレビアニメ『鉄腕アトム』をスタート。児童視聴者（テレビっ子）を熱狂させ、キャラクター商品がビジネスを拡大、テレビアニメの量産時代を招いた。週刊少年漫画が原作の供給源となる。
１９７４年	『宇宙戦艦ヤマト』が、ティーンエイジャー（13～19歳）に成長した「元テレビっ子」の心をとらえる。１９７７年の同作劇場映画公開の大ヒットで、アニメブームが社会現象と認知される。子ども向け呼称の「漫画映画」「テレビまんが」が「アニメ」に変わる。
１９７８年	雑誌「アニメージュ」創刊。キャラクター、声優とともに「作家性」にスポットが当たり、ファンのリテラシーが向上する。

１９７９年	「アニメ発オリジナル」への期待が高まった時期に、富野由悠季原作・総監督のテレビアニメ『機動戦士ガンダム』がスタート。映像外に拡がる「作品世界」がリアリズムと合流し、「世界観主義」がステージアップする。
１９８２年	「アニメージュ」が宮﨑駿監督を大きくピックアップし、『風の谷のナウシカ』の漫画連載をスタート。「出版社が映画をつくる動き」と合流し、１９８４年に徳間書店で映画化。宮﨑駿監督が東映動画時代に培った「漫画映画構築技術」と「世界観主義」が合流し、「女性主人公」でヒットとなる。スタジオジブリの基礎ができる。
１９８３年	ロボットアニメを多くスポンサードした玩具メーカー・バンダイが「ＯＶＡ（オリジナル・ビデオ・アニメ）」をスタート。映画館、放送に頼らない「アニメ作品の直販」により、対価を支払うユーザーが「作家性」「ハイクオリティ映像」を求め始める。
１９８４年	アニメ映画における表現の革新。『超時空要塞マクロス　愛・おぼえていますか』(84)、『王立宇宙軍　オネアミスの翼』(87)が設定・作画の点でレベルアップをリードした。世界を丸ごと構築するような作りこまれた設定も重視され「世界観主義」が広まる。
１９８８年	漫画界で「緻密さと正確さ」の基準を変革した大友克洋が監督としてアニメ映画

	『AKIRA』を完成。サイバーパンク的表現は、諸外国から「ハイテク日本」のイメージと重なると見られ、アニメの国際的注目が高まる。
1995年	庵野秀明原作・監督のテレビアニメ『新世紀エヴァンゲリオン』がスタート。「個がどう世界を見つめるか」の観点で「世界観」を再定義。これにハイテクノロジー、オーバーテクノロジー的用語とデザインが加わり、背後に神秘主義を置いた「複合的世界観」がハイクオリティ映像とシンクロ。サブカルチャー、音楽、哲学、思想の分野にアニメが拡がっていく。
1996年	押井守監督のアニメ映画『GHOST IN THE SHELL/攻殻機動隊』(国内公開95年)が北米でビデオリリース。ビルボード誌の発売週第1位にチャートインし、「ANIMEの国際化」が拡大する(当初の呼称は「ジャパニメーション」)。人体の機械化とネットワークによるサイバーパンク的未来世界が、携帯電話やインターネットで急速発展する現実世界と共鳴し、「世界観主義」が国際的に新たな価値を生む。
1990年代末	「作品と世界観に高い価値がある」という発展の結果、深夜枠の「パッケージビジネス中心のアニメ製作」が急速発展。DVDパッケージ販売を主眼とするアニメ企画が激増する。

２００１年	宮﨑駿監督による映画『千と千尋の神隠し』が、興収３００億円を超える空前のヒットとなる。スタジオジブリ作品が「国民的」と呼ばれる現象が定着。
２００２年	アニメのデジタル制作が定着し、30分弱の短編を監督ひとりで作り上げた『ほしのこえ』がＤＶＤパッケージを中心にヒット。「作家性と作品と商品」が直結した事例として、注目を集める。
２０００年代	深夜アニメ、最初の全盛期。３ＤＣＧよりも2D素材にデジタル撮影で明暗や光の調整を加える手法が主流となる。さらに「背景美術」への注目が高まったことで「聖地巡礼ブーム」が起きる。２００６年ごろからインターネット動画配信サービスが大衆化。日本のアニメが全世界で楽しまれる。ただし違法サイトも多く、パッケージビジネスは縮小。
２０１０年代	ネット配信時代の本格化。特に人口が多く文化的に近い中国や東アジア圏で急拡大した結果、深夜アニメはV字回復。２Ｄを模擬したセルルック３ＤＣＧが急速進化。部活もの、お仕事もの、アイドルものなど現実味あふれる作品、激しいアクションを見せる異能バトルもの、異世界転生ものなど、サブジャンルが豊富に。

	漫画原作ものでは『進撃の巨人』など、少年コミック誌原作のアニメ化で、国際的なメガヒット作品が拡がる。
2016年	新海誠監督の『君の名は。』が興収200億円を突破し、スタジオジブリ級のヒットに。商業スタジオ出身ではないアニメ監督が国民的な人気を博し、観客層と受容のルールが根底から書き換わる。

氷川竜介（ひかわ・りゅうすけ）
1958年兵庫県生まれ。アニメ・特撮研究家。明治大学大学院特任教授（2023年3月まで）。特定非営利活動法人アニメ特撮アーカイブ機構（ATAC）副理事長。東京工業大学在学時からアニメ誌上で執筆を始め、その後メーカー勤務を経て、2001年に文筆家として独立。文化庁メディア芸術祭アニメーション部門審査委員、毎日映画コンクール審査委員、東京国際映画祭プログラミング・アドバイザーなどを歴任。主な著書に『20年目のザンボット3』（太田出版）、『細田守の世界——希望と奇跡を生むアニメーション』（祥伝社）など。

日本《にほん》アニメの革新《かくしん》

歴史《れきし》の転換点《てんかんてん》となった変化《へんか》の構造分析《こうぞうぶんせき》

氷川《ひかわ》 竜《りゅう》 介《すけ》

2023年 3月 10日　初版発行

発行者　山下直久
発　行　株式会社KADOKAWA
〒102-8177　東京都千代田区富士見2-13-3
電話　0570-002-301（ナビダイヤル）
装丁者　緒方修一（ラーフイン・ワークショップ）
ロゴデザイン　good design company
オビデザイン　Zapp!　白金正之
印刷所　株式会社暁印刷
製本所　本間製本株式会社

角川新書
 ISBN978-4-04-082204-4 C0295